大人の流儀7

a genuine way of life by Ijuin Shizuka

さよならの力

伊集院 静

講談社

さよならの力

春は、別離の季節である。

四季は、春、夏、秋、冬と同じようにあるのに、どういうわけか、私の別離の記憶は、春であることが多い。

子供の頃もそうだったが、大人になってからも、春に別離を見なくてはならないことがしばしばあった。

卒業式、入学式、転校、就職、転勤、引っ越し……と、春は人々がどこか別の世界、場所へ行かなくてはならない出来事が、他の季節よりたくさんあるからかもしれない。

それも一理あるが、歳時にかかわらず、春はなぜか、別離が多かったし、おそらくこの先も、そんな気がする。

人が生きるといういとなみをくり返す中で、別離ほど、切なく苦しいものはないだろう。別離が私たちに与える哀しみは、言葉ではたとえようのないこころの動揺をともなう。人によっては、哀しみの記憶、淵《ふち》からいつまでも抜け出せない人もいる。その哀しみをやわらげるのは、一番は〝時間というクスリ〟と言われる。そのクスリの効果については多勢の人が体験し、知っている。それでも私たちの記憶というものは、時に残酷なものを与える。ようやく忘れられたのかも、もうさほどそのことでこころを揺さぶられることは少なくなったと思っていたものが、或るきっかけで一気に哀しみの淵に人を引き戻す。

私も何度か経験があるし、そういう人、そういう現場を見て来た。そのたびに私は、私たち人間の〝生〟は、哀しみに満ちあふれているのではと思うことがある。

小説を書く上で、〝生きることと哀しみ〟は大切なテーマであり、三十年以上、小説と向き合っていれば（人間と向き合うでもいいが）、そのことを他の職業の人より多く見てきたのかもしれない。

しかし別離は、私たちに哀しみを与えるものでしかないのだろうか？

それは違うはずだ。いや、違うに決っている。生きることが哀しみにあふれているだけなら、人類は地球上からとっくにいなくなっているはずだ。では別離は私たちに何を与えてくれるのか。私はこれまで私の経験で得たものを、この〝大人の流儀〟で語って来た。その経験から言えるたしかなものがひとつある。

私は二十歳代と三十歳代に別離を経験した。一人は弟であり、もう一人は妻であった。十七歳と二十七歳という若さだった。その直後から、私はひどい精神状態になった。なぜ彼、彼女がこんな目にと思った。その動揺はやがて、なぜ自分だけがこんな目に遭うのか？　という感情になった。同様の立場になると、そう思う人は多いらしい。暮らしも荒《すさ》む。慰めの言葉さえが腹立たしくなる。

ところがそういうものと向き合っていると、やがて別離を経験した人にしか見えないものが見えて来る。それは自分と同じような立場、境遇を体験した人々が多勢いるんだ、ということであった。さまざまな人が彼等の体験して来た別離を打ち明け、励ましてくれた。

弟を海難事故で亡くした夏、私は彼の納骨の日まで生家に滞在していた。そうして上京する前日の夕刻、弟が最後に見た海に出かけた。半日、海を眺め、帰ろうとバス停のベンチに座っていた。午後から雨雲が垂れ込めた天候で雨が落ちて来た。すぐにどしゃ降りになった。ひどい雨の中に居た時、どこからか泣き声が聞こえた。気になって草叢《くさむら》の方を見ると、雨に濡れた一匹の仔犬があらわれた。その泣き声で、私は仔犬が誰を探しているのかがわかった。捨て犬かもしれなかったが、私は仔犬の声に、親犬が近くにいる気がした。私は犬を抱き上げた。小刻みに震えていた。

やがて草叢から一匹の犬があらわれた。仔犬を抱いた私に親犬は牙を剝いた。私は笑って、仔犬を親犬にむかって放り出した。二匹は草叢に消えた。雨垂れの音色と煙る風景に、奇妙な安堵がひろがった。

四十数年前の夕立のことが今でもよみがえることがある。腕の中で震えていたのは、実は私自身ではなかったのかと思う。何年かのちに、私は、あの時どうして仔犬の声が彼の親を探していると確信できたのかと思ったことがあった。その答えはそれからずっと後《のち》、妻を亡くしてわかった。それは私の身体の中に、哀しみから逃がれたいものの声を聞き取れる何かが生まれていたのだと思う。

私は、その何かこそが、別離が私たちに与えるものではないかと思うのだ。同時に何のためらいもなく誰かに手を差しのべられる感情が、別離を体験した人に与えられるものではないかとも思う。そうしてその精神・スピリッツは、学校でも、家の中でも決っして得ることができない、実人生が教えてくれるものである。

別離は哀しい出来事である。さよならと言う言葉さえ耳には残らない。長い間、去って行った人たちが、どこかで独り淋しくうつむいているのではと憂えていた感情が、今は、彼、彼女の笑顔が浮かぶ時さえある。それは彼等が生きていた時間へのいつくしみであり、生き抜くしかないという自分への叱咤《しった》かもしれない。さよならに力があるとすれば、誰かへのいつくしみがあるからではないか。今、私はさよならが与えてくれた力を信じている。

二〇一七年二月

仙台にて

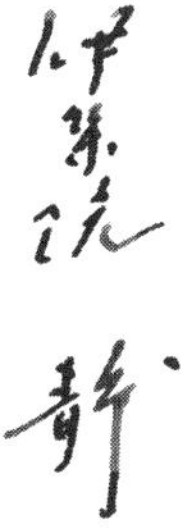

さよならの力　大人の流儀7　［目次］
a genuine way of life by Ijuin Shizuka contents

帯写真◉宮本敏明
挿絵◉福山小夜
装丁◉竹内雄二

第一章

さよならは言わなかった

さよならは言わなかった

台風の合い間に仙台に帰った。

二匹の犬と、友だちの一匹の元気な鳴き声に迎えられた。東北一のバカ犬が遠吠えのように声を上げるので、近所の犬もいっせいに吠えはじめる。その声を聞いて、

——ぐうたら作家先生が帰ったんだわ。

と隣り近所が言ってるのかどうかは知らぬが、お兄チャンの犬も何とかこの夏を乗り切りそうだ。

バカ犬はこの原稿を書いている足元でイビキを掻いて寝ている。

「ノボは具合いでも悪いのかね?」

「違うのよ。あなたが今日帰るとわかったら、朝から興奮して騒ぎまくるのよ。それで逢え

たら、途端に疲れが出たんでしょう」

——かわった奴だナ……。

K松崎さんの母上から葡萄が届いていた。

今盆の供物を送ったお礼だろう。甘くて美味しい。ふと娘さんのA子さんのことを思い出す。美しい娘さんであった。

A子さんが亡くなってもう三年になる。

ご家族にとっては、もう三年なのか、まだ三年なのか、時間は人間に容赦を与えぬ故に、驚くほど残酷であり、後年になると、感心するほど寛容で、抱擁力を持つものだ。

A子さんは、銀座、有楽町にある大型書店の文芸担当だった。

私が書店に行くのは、サイン会か、新刊が発売になりプロモートで顔を出すくらいだ。

或る日、手紙が届き、そこに彼女が私の小説を学生時代に読んだこと、今は書店員になっていること、最後に、自分の働いている書店でサイン会をしてもらえないかとあった。

——新手のサイン会要請か……。

と思わなくもなかったが、文章に誠実が伝わったので、出版社の担当編集者に、次の新刊のサイン会を、彼女の書店でやってもらえればと話した。

数ヵ月後、サイン会は実現し、彼女がこしらえたポスターやポップ（宣伝用グッズ）を目にして、彼女の仕事に対する姿勢に感心した。サイン会は好きではないのだが、その日はどこか清々しい気持ちになれた。

以来、二回に一回はA子さんの店でサイン会をするようになった。

A子さんが長い休みを取っている話を、同じビルで喫茶店をしているFさんから聞き、時々、見舞いにも行っていると言われた。

「治りにくい病気なんですか」

「…………」

Fさんは返答しなかった。その様子で察しがついた。後日、Fさんから手紙を貰い、前妻と同じ病気と知った。たぶん、その時、私は顔を曇らせたと思う。それでも医学の進歩は目を瞠《みは》るものがあり、社会復帰している人を何人も知っていた。

A子さんは生家のある茨城に戻って、そこから通院しはじめた。

良かった、なんとか復帰できるんだ。

しかし数ヵ月後、また入院がはじまった。

Fさんに手紙を託したこともあった。

初夏、A子さんのいた書店でサイン会をした。新しい店員さんは皆元気で、まぶしいほどである。

光に包まれたような娘さんたちの姿を見るとA子さんの美しい笑顔がよみがえる。

何度かに一度、私は銀座、有楽町にあるその書店でサイン会をすると決めている。それが供養などとは言わぬが、なんとなく、作家の本を一人でも多くの人に読んで欲しいと思っていた一人の女性の情熱をずっと覚えていたい気がするからだ。

それは彼女の〝生きていた力〟のような気がする。

サヨナラニモ、チカラガアルンダヨ。

私は、これまでの短い半生の中で、多くの人との別離を経験してきた。

彼等、彼女たちは、私にサヨナラとは一言も言わなかった。

それでも歳月は、私に彼等、彼女たちの笑ったり、歌ったりしているまぶしい姿を、ふとした時に見せてくれる。

その姿を見た時、私は思う。

〝さよならも力を与えてくれるものだ〟

葡萄を嚙むと、甘いだけではなく、少し酸っぱい味もした。
人の出逢いは、逢えば必ず別離を迎える。それが私たちの〝生〟である。生きていること
がどんなに素晴らしいことかを、さよならが教えてくれることがある。
夏が終わった。

最後に二人で

先月の十六日の夜、関東に暮らす人々を照らした満月はとても美しかったそうだ。

その夜、私は銀座の夜雀であったから、どうして空を見上げなかったのか、惜しいことをしたと思った。

月の様子を報せてくれたのは、夏に息子さんを亡くされた母上で、深い哀しみの中でご夫婦が、いっときでもこころが安らかになられたのなら、良かったナ、と思った。

与謝蕪村の句に、

〝月天心　貧しき町を　通りけり〟

という作品があって、私はこの句が好きである。マッチ売りの少女の物語ではないが、西洋的悲哀にも通じる抒情がある。私はこの句に自分の少年期の奇妙な戸惑いを重ねることも

ある。

　月や星はただそこで、宇宙の法則でかがやいているだけかもしれないが、見つめるもの（地球なら人間や動物、草木……）の内側のありようで、そのかたち、姿が、違って映るのだろう。

　しあわせのかたちは、どれも一様に似かよっていることがあるが、哀切、苦悩と言った、一見ふしあわせに映る人々のかたちは、どれひとつ同じものがない。そのことは見方を変えると、哀しみは、その人々だけのものではないのかとさえ思えて来る。

　そうではない、と私が今、確信を持って言えるのは、私の場合で言えば、二十歳の時、十七歳の弟を海難事故で亡くした折、なぜ弟だけが、どうして弟でなくてはならなかったのか、とたいがいの人が考えることと同じことを考えてしまったのだ。ところがやがて、弟だけに、父や母だけに、私にだけ降《ふ》り下《お》りて来たものではないのだとわかるようになった。実は、同じことが、日本だけでさえ、そのような不幸が多勢の人に降り下りて来ていることを知ったからだ。

　不思議なもので、そういう難儀が降りかかるまでは何も語らなかった人が、或る日、告白するかのように「実は私も十八歳の時にふたつ下の妹を病気で亡くしまして……」と話をしてくれる。

——この人にも、こんな苦しいことがあったのか……。

と驚くとともに、よくよく話を聞くと、私よりももっと切ない出来事であったりする。そういうことがいくつか重なると、

——もしかして世の中は哀しみをかかえている人の方が多いのではないか。

とさえ思えて来る。

今では、その考えは間違っていないと私は思っている。

ふしあわせのかたち、情景は同じものがひとつとしてないと書いたが、例えば、私は花火を見るのが苦手である。

それは、前妻と、最後に見たものが、花火だったからである。

彼女を抱きかかえて病室の窓辺に行き、二人してしばらく花火を眺めた。

「ありがとう、もういいわ」

と彼女は言い、私はベッドに移した。

彼女が目を閉じたので、病室の電気を暗くした。それでも病院のすぐ近くで花火が打ち上げられていたので、その爆音と、夜空を焦がす光彩は、容赦なしに病室に飛び込んでいた。

彼女の耳にそれが届いていないはずはなかった。

――あんなに花火が好きだったのに……。

私は外カーテンを閉じ、ベッドサイドの椅子に座った。沈黙した部屋に花火の音だけが聞こえていた。

――早く終ってくれないか。

その時、私の脳裡に花火を見上げて、嬉しそうに笑っている若い男女の姿など想像もできなかった。

圧倒的な数の花火の見物客。彼等にとってその夏は忘れ得ぬしあわせのメモリーかもしれなかったろう。

しかしそのすぐそばで、沈黙している男女が存在するのを知る人はいない。それが世の中というものである。

私はひとつ信じていることがある。私に妹さんの死を打ち明けた彼女も、きっと今どこかで懸命に生きているはずだと。

なぜ、そう思うか。それは苦しみ、哀しみを体験した人たちには、懸命に生きねばならぬ理由があるからだ。

それは何か？

別離した人々が、いつまでも身体の中に生きていて、その人の生の力になっているからだ。さよならの力はきっとあるのだ。

ともに暮らした歳月

朝の五時前に目覚めた。

昨夜は三時近くまで仕事をしていた。

――どうしたんだ？　二時間しか眠ってない。

しばらく机に着いて、何をするわけでもなく、目の前の原稿の山を見ていた。

電話が鳴った。

家人からである。

この数日間、家人はメールでしか連絡をして来なかった。お兄ちゃんの犬（アイス）が、一週間前から食事を摂らず、毎日、病院で点滴をしていた。家人はほとんど一晩中起きて犬のそばにいた。

昨日の朝は電話で、七日振りに立ち上がって、「ワン」と吠え、庭を数歩歩いたと連絡があり、家人も声が弾んでいた……。

「アイス君が、先程……」

「そうか、アイスもあなたもよく頑張った」

「はい、アイス君は本当に頑張ったわ。あなたの帰りが待てなくて、すみませんでした」

その日、私は急遽、帰宅することにしていた。と言うのは、容態はメールで報せて来ていたのだが、昨日、犬が元気になったせいか、電話で話をした。

その電話の最後に彼女は言った。

「お父さんが帰るまでガンバローね、って言ったら、少し声を出したのよ」

——そうか、家人は私に心配をかけまいとしていたのか。

一時間後、東京のスケジュールを調整し、電話を入れた。

「明日一日戻るよ」

「仕事の方は？」

「大丈夫だ」

それで、先刻の電話だった。

七年前の夜半に彼女の実母の死を報せる電話があり、仮眠（妹と交替で看病していた）を取っていた彼女に伝えた時も、彼女は黙ってうなずいただけだった。

泣いたり、取り乱すことをしない女性だ。

それが先刻の電話では涙声だった。

この数日間、よほど二人（一人と一匹）は懸命に過ごしたのだろう。

電話を切った後、東京の仕事机の上のアイスの写真を見ていた。

家人いわく、こんなハンサムな犬はどこにもいない、兄ちゃん犬の上機嫌な折の写真である。隣りのノボと好対照だ。

ともに暮らした十六年という歳月は、私もそうだが、家人にとって、アイスにとって、至福の時間であった。

電車の便を早めて、我が家にむかった。

車窓に映る冬の空が抜けるように青かった。

私の半生で、切ない時に、なぜか、自然がひときわ美しい姿を見せる。

仙台駅から乗ったタクシーが我が家に近づくと、車のフロントガラスに映る小径は、かつて、散歩の大好きだったアイスが尾を振って走った径である。

家人は玄関で、私に気丈そうに笑った。しかし目頭は少女のごとく膨れていた。こんなに清らかな犬の死顔を初めて見た。

犬が一抹でも不安を抱かぬよう、家人はずっと声をかけ、身体を撫でていたのだろう。首には、私と家人が、彼にとバルセロナの修道院で買い求めたロザリオがかけてある。そのロザリオがアイスを不安から守ってくれているように映る。

少年の日から数えると、五頭目の、犬との別離である。それにしてもおだやかな表情である。

——よく、ガンバッタナ。

そう声をかけるしかない。近しいものの死を前にすると、言葉は無力になる。

「疲れただろう。シャワーでも浴びて、身体を少し温めなさい」

その間、目の前には私の顔を見ると尾を振った犬が静かに休んでいる。この静寂が、これから先の彼の不在を告げていた。

楽しかったり、笑ったりした記憶は、これから先、少しずつやって来るのだろう。

夕刻になれば、弟のバカ犬と親友のラルクが対面に戻って来る。

彼等が来るまで、私と家人と、彼で過ごした。私たち二人の生活に、彼が、あの愛くるしい瞳をしてあらわれた日から、この家は一変した。天使がやって来たのかと思った。

私たちは、彼を迎えて、さまざまなものをもらった。彼も十分、家人の愛情を受けた。

家人は彼に、さよならとは言わない。信仰のある人は、このような折に、普段の祈りの力が出る。私は言う。

「アイス、ありがとう。さよなら。これからも、おまえの分、私は仕事をするよ」

切ない冬である。

祈り

年明けての一月十一日に、東北各所で大震災の行方不明者の捜索が行なわれた。

今でも毎月、この捜索は続けられている。すでにあの日から六年が経っている。

家族と別離した人々にとっては、すでにが、まだ六年であり、時折、もう六年かと歳月の過ぎる速さに嘆息する。

亡くなった家族の、遺体は勿論だが、ほんの少しの形見でもいいから、見つけてやりたいと思うのは、日本人が持つ愛情のあらわれである。その感情には宗教観もあるが、それ以上に、日本人には何代にもわたってくり返して来た祈りの象徴の中に、かたちを見つめて供養をしたいと言う、やさしさがある。

やさしさは、今は簡単に使われ過ぎるが、具体的には、どこか寒い場所で、あの子は、弟

は、両親は、と心配する感情が大きい。

去年の十二月、一人の少女の遺骨が発見されたニュースを聞いた時、娘を探し続けた親の思いの強さをあらためて思った。何十万個という瓦礫、処分土の中からの発見は、奇跡に近い。父親のインタビューをテレビで見ていて、本当に良かったと思った。

——頑張ったのだナ、お父さんは……。

同時に、今も捜索を続けている人たちのことを考えた。捜索が実施される月の十一日には、同じ立場の家族が集まる場所も見た。

二五五六名。まだこれほどの数の行方不明者がいる。怖いほどの数である。

探し続けている人は、仕事をしながら、生活をしての捜索だから、さぞ大変であろう。何かが、天から舞い降りるように届いてくれればいいのだが……。

今日（一月十七日）は阪神・淡路大震災の、あの日から二十二年になる。私も何人かの友人、知人を見送った。一昨年、ささやかなものを供養に送っていたものが戻って来た。問い合わせると、残された家族が亡くなったと聞かされた。

——そうか……。

歳月とはそういうものである。

話を戻すが、災害なり、事故に見舞われ、家族が行方不明のままでは辛い、と言う気持ちは、私も経験した。

弟の海難事故で、ちいさな湾のどこかの海底に弟の遺体はあるはずだが、捜索中に瀬戸内海を襲ったふたつの迷走台風のため、海水の温度が上がらず遺体が浮上しない上に、呉市から父が呼び寄せたサルベージ船の潜水夫も、半日で探せると言って潜ったが、台風により山からの濁水が湾にひろがり、一メートル先が見えないと引き揚げて行った。天気がようやく回復した八日目からは、弟が通っていた高校の同級生の五十人近くが、手を繋《つな》いで海を歩いてくれた。それほどしても見つからない弟を発見したのは、母であった。

まだ朝霧が海面を流れる早朝、母は沖合いを指さし、マー坊が（弟の名前）と、突然声を上げた。家族の思いというものは、人間の想像力を越えているのだと、今でも感じる。

阪神、淡路の震災を経験し、家族を亡くした人にとって二十二年は、昨日のことである。人間の記憶はおそろしく頑強である。

それを私は、生家に帰る度に、母と二人で仏壇に線香を上げる度に思う。

「お兄ちゃんが元気に帰って来ましたよ」

母はつぶやく。私は黙って手を合わせる。

母にとっては、昨日の出来事であり、それは変わることはない。

母は若い時から、誰かの家を訪ねると、必ず仏間へ行き、手を合わせた。子供の私は、なぜそんなことをするのか、正直、面倒なのにと思った。それが今、同じことをしている。それが礼儀というもので、慣習ではない。

私は若い時から長く、神の存在を否定して生きて来た。それが今は、神社や寺院を通る時も祈るようにしている。時間があれば手を合わせる。今でも神の存在には疑問はあるが、祈ることとは別のものであるとして、神殿、御堂の前に立つ。

そのことは、当然、私の小説作品を変化させている。それでいいのだろう。

去年の暮れ、我が家の犬が亡くなり、それを知った庭の手入れをしてくれている女性のSさんがしばらく泣き崩れたと聞いた。Sさんとアイスは仲が良かった。

Sさんは東北大震災で、仕事で海岸通りを運転していた娘さんを亡くした。一ヵ月後に遺体が発見された。家人が悔みに行くと、

「うちはまだ戻って来てくれただけで幸いだと思います」

と言われた。

アイスの死を知った時、Sさんが初めて打ち明けた話があった。

娘さんの死の後、初めて我が家に働きに訪れると、アイスは一時間の間、彼女のそばを離れなかったと言う。不思議な話だが、この世の中は、そういうことであふれている。

あの時、あなたは

私の生まれ育った町は瀬戸内海沿いのちいさな港町で、その町の中でも下町に生家はあった。
家のすぐ近くまで入江が流れ込み、家から五分も歩けば思案橋があり、そのむこうに花街があった。華やかで、賑やかな町の顔と、通りを一本違えると、長家のような家が続き、その日暮らしをする人たちも多かった。
港町は人間が入り、出ていく土地だから、定住者でない人々も多勢住んでいた。下町は、陽と陰のふたつの顔をもつ土地でもあった。
ただそこに生まれ育つ子供たちには、陽も陰もなかった。皆が皆、明るく走り回っていた。親が何をしているかなど、子供の世界には無縁なところがあった。

共通しているのは貧乏と情深いところだった。誰の子供であれ、悪戯《わるさ》をすると大人たちは平気で叱り、たまに頭をどやしつけた。それが当たり前であった。

やがて子供たちは小学校へ上がり、皆がワイワイガヤガヤ登校した。

新品の服を着ている子供はいなかった。兄弟の古着や、親戚や近所の子供のものを譲ってもらい着ていた。

古着が当たり前の仲間だし、見てくれより遊ぶことに夢中で、青《あお》っ洟《ぱな》を垂らしながら走っていた。それでも学校へ上がれば、山の手の子供もいて、自分たち下町の子供と言葉遣いから、さまざまなことが違っていた。

他の町内から来た悪ガキもいて、喧嘩になることもしばしばあった。そんな時、同じ下町出身の兄貴分の子が助けてくれた。

T男ちゃんもそんな一人だった。皆はトミちゃんと呼び、遊びから、クズ鉄拾いで高く売れる黄銅のことを教わったりした。

夏、入江の水がうるむと、皆して素っ裸で飛び込み泳いだ。

そんな時も、トミちゃんが教えた。

「おまえら、あそこの岩から飛び降りるんじゃないぞ。すぐに尖った岩があるから」

昔、それを知らずに大怪我をした子供もいた。大人が教えることを兄貴分が教えた。

他所の町の悪ガキが遠征に来て、ちいさな子供の捕ったセミや魚を横獲りすると、トミちゃんはすぐに聞きつけ、相手を追い払ってくれた。

原っぱでの野球もトミちゃんからボールの投げ方、捕り方、そして打撃も教わった。トミちゃんが打つとボールは青空の彼方に吸い込まれるように高く遠くへ飛んだ。

トミちゃんの身体にはたくさんのきっぽ（方言で傷跡のこと）があって、年下の子供たちは、これはどんな喧嘩の傷かの？　と訊いたが、トミちゃんはただ笑って何も応えなかった。そんな時のはにかんだようなトミちゃんを、私は子供ごころにまぶしいと思った。

やがて中学に上がると、トミちゃんは、私たちとは遊ばなくなり、いつも怒ったような顔をして中学校への道を歩いていた。何人もの中学生を相手に喧嘩した話や、野球部の先輩と喧嘩し退部した話を耳にした。

私が中学校へ上がると、トミちゃんは最上級生で笑って迎えてくれた。同級生に、

「おまえ、あの番長を知っとるのか？」

「番長？　そんなんじゃないよ、あの人は」

と応えた。

私がグラウンドで野球をしていると、時折、トミちゃんが遠くで見ていた。

冬の或る日、私は何年か振りでトミちゃんと会い、二人で下校した。

「わしは春になったら大阪《カミ》へ行く。そこで働いとるから大阪に来て何かあったら逢いに来いよ」

その言葉にトミちゃんは中学を出たら働きに行くのがわかった。

その頃、クラスの中の数人（一割近く）が高校へ行かず社会に出ていた。

「うん、逢いに行くよ、トミちゃん」

「ああ待っとるよ。おまえは上の学校へ上がるのか？」

「いや、ボクも働きに出ると思う」

咄嗟に私は嘘をついた。

「そうか、ならおまえも頑張れよ」

それがトミちゃんと交わした最後の言葉だった。やがて私は高校へ進学し、時々、喧嘩もしたし、野球の腕前もそれなりに上がったが、泣き虫だった私が喧嘩相手と何とかやりあえたり、野球で好プレーができると、その夜、寝床でトミちゃんのことを思い出した。

「俺は何とかトミちゃんがやったように、野球も、喧嘩もできるようになったよ」

今でも、時折、トミちゃんのはにかんだような顔と、そこを我慢して踏ん張らんにゃいかんぞ、と励ましてくれた顔がよみがえる。

別離してからもずっと、私はトミちゃんに誉められる若者になりたくて頑張っていた気がする。もしトミちゃんがずっとそばにいたら、私は弱虫のままで、甘えん坊の泣き虫だったかもしれない。

——もうトミちゃんはいないんだ。

そう思った夜があったのだろう。

甘酸っぱいさよならであったが、さよならは残った者に、何か力を与えてくれていた。

トミちゃん、元気にやってますか？

そういう男だったんだ

先週、小説の編集担当者のEさんから電話があった。

「昨日、無事に父の葬儀を済ませることができました。いろいろ有難うございました」

その声は思ったより明るかった。

それ以前の、彼が故郷の新潟からかけて来る電話の声には、どこか切なさがあった。

「Eさん、ご苦労さん。少し休んで上京したらいいですよ。戻られたら一杯やりましょう」

地方で生まれ育ち、都会へ出て、大学なり、専門学校で学び、そのまま都会で就職し働いている人が日本に何万人いるのかはわからないが、五十万人はくだるまい。就職し、結婚、そして子供を育てている人は、その中の大半かもしれない。

その人たちが経験せざるを得ないことのひとつに、故郷、生家に住む、親の老い、病気、

死と遭遇することがある。それは世の中の習《なら》いである。

その中でも、当人が長男の場合、病気になった親にどう対処するかは深刻な問題である。

私も自分の父親が体調を崩し、やがて入院した時、母親から連絡を受け、帰省した。その時、父は七十五歳を越えていた。その年から何年か、入退院をくり返し、やがて彼は死を迎えた。

Eさんも長男で、一年半程前に父上の具合いが良くないと連絡があった。その事情を銀座のカウンターで聞いた。

「それはすぐに帰省し、医師に会って病状を把握するんだね。どの病院が適してるかも判断して上げることだ」

Eさんは帰省した。幸い彼の学生時代の友人が新潟でも優秀な病院の部長をしていたので、父上にその病院に入って貰った。

入院直後の経過は良かったが、半年が過ぎると父上の容態が変化し、死を考えざるを得ない状況になった。九月に入り、Eさんは東京と新潟を往復することになり、やがて父上の臨終を迎えた。

同じような経験をした大人の男は日本には何万人もいるはずだ。それでも、近しい人の死は他人からは同じように見えて、実は、どれも同じものはない。その理由は、家、家族が、それぞれ違っていて、同じものが何ひとつないからだ。

ひさしぶりに銀座で逢ったEさんは少しやつれていたが、どこか吹っ切れた表情も見えた。

親は、その生涯で、子供にさまざまなものを与える。

それを親の教育、躾《しつけ》と呼ぶ人もいる。

そうだとしたら、親が子供に、最後に教えるものがあるとしたら、それは彼、彼女が死を以って子供に与えるものではないだろうか。

死によって何を教えられたかは、残された子供（もう大人であっても）はすぐに、その教えの本質には気付かない。

私もそうだった。

私の父は、自宅で少し痛む足を母に擦《さす》らせている時、母が少しいい加減に擦っていたので、そろそろ父が怒るだろうと思っていて、何も言わないので、顔を覗き込むと生を終えていたという。考えようによってはしあわせな最期と言えるかもしれない。

私が父の死で、最初に教えられたのは、父の遺体の解剖を医師が望んだので、それを承知し、後日、医師にお礼の挨拶をしに一人で出かけた折、医師が私に言った。

「お父さんは最後の頃はかなり痛いとおっしゃっていたんでしょうね」

そんな話は母から聞かなかった。

「どうしてですか？」

「いや、解剖させてもらって驚いたのですが、お父さんの身体はもう、どこもひどい状態で、これはさぞ激痛をともなったはずだ、とわかったものですから」

「そうですか……」

私は生家に帰り、母に、父が普段、痛がっていたのかを尋ねた。

「そんなことはなかったわ……」

私は、その夜、飾られた父の写真を見ながら、父がどうして一言も、痛みを訴えなかったかと考えた。

——そういう人、そういう男だったのだ。

私にそれができるかどうかはわからぬが、できればそうありたいと思った。

それ以降も、歳月が経つ毎に、父が残した、父が与えてくれたものに何度か遭遇し、

――もう少し親子で話しておけば良かった。

と思った。

しかし今は、親は死を以って、子供に最後の教育をするのだ。だからわかったのだ、と思っている。

人生別離足る

井伏《いぶせ》鱒二《ますじ》は広島、加茂村の人である。

鱒二とは珍しい名前？　ペンネームだ。本名は満壽二だが、当人が釣りが好きだったので、小説家の名前をこうした。粋なネーミングである。

伊集院静とはずいぶん違う。元々アルバイト先の社長が作ったもので、名刺を渡されて、今日一日だけ、これで、と言われ、「何ですか、漫画みたいな名前、かんべんして」と言うと「そう、漫画から取ったのよ」と涼しい顔で言われた。一日だけだ、と仕事をしたら、千分の一の可能性が的中した。それでも折あらば放り出そうと思っていた名前だ。

前妻が亡くなった時、占いの女性が、この名前を見て「すぐやめなさい。この名前、残りの人生が悲惨なことになります」と言った。

——悲惨な人生？　……面白いじゃないか。どれだけ悲惨か見てやろうじゃないか。

その頃、私はもうヤケクソだった。親には悪かったが、来るなら来てみろ、やれるならやってみろ、こっちが終るなら、そっちもかたちがなくなるまで刻んでやる、と何とも困まった若者だった。この名前で文章の仕事をはじめ、文学賞などを頂くようになり、同じ占いの女性に見せると「これはもう前途洋々素晴らしい未来が待ってます」世の中そんなものなのだろう。

話を井伏に戻して、この作家に『厄除け詩集』という中国の訳詩の本がある。

私はこの本を編集者からプレゼントされた。

「これを持って置くと、厄介を避けることができて〝無事〟で人生を過ごせます」

いったいその頃、私はどういう生活をしていたのだろうか。

その本の中に、晩唐の詩人、于武陵《うぶりょう》の『勧酒』と題された詩がある。酒呑みには腹にしみるような詩だ。

原詩の読み下しは以下だ（君に勧む金屈巵《きんくつし》／満酌辞するを須《もち》ひず／花発《はなひら》きて風雨多し／人生別離足る）。唐の時代の詩人はよく酒を呑んだ。だから皆早く死んでいる。井伏もよく呑む作家で、ウィスキーをグラスになみなみ注いで、将棋盤の脇に置き、クィーだ。やはり作家はクィーだ。井伏はこう訳した。

コノ盃ヲ受ケテクレ
ドウゾナミナミ注ガシテオクレ
花ニ嵐ノタトヘモアルゾ
「サヨナラ」ダケガ人生ダ

見事なものである。酒呑みにとって、呑む理由はどうでもよいのだが、そこに友との惜別が、人生の別離があれば、その酒は文句無しに味わいが出る。酒は二級で十分。酒の味の良し悪しは、呑み手の心情にある。何が大吟醸だ。わかったようなことを言いやがって、コノオタンコナス。

詩の中に〝花に嵐のたとえ〟とある。

花に嵐は、例えではない。嵐でなくとも、花に風、雨はつきものなのだ。

若い人、子供は、人生の中の開花期で、一番まぶしい時だ。彼等に哀切な出来事が起こるのは、世間では、悲しいかな、必ずあることなのである。とり残された方はたまらない。私もその中の一人だった。

〝「サヨナラ」だけが人生だ〟と井伏は訳した。さらりと書いているが、残酷な一文である。それでもまぎれもない実人生の言葉なのである。生き別れは、便りがなければ、ずっと元気な姿を想像し、やっていける。そうでないのは、時間のクスリで待つしかない。

生き別れとて、楽なわけではない。

Tから連絡があり、彼の田舎の父が亡くなり、母親も塩梅《あんばい》が良くなく、傾きかけた家業を継いで、生きることにしたと言う。一流半とは言え、商社の部長に出世していた。

Tと私は育った環境が似ており、その上若くして伴侶を亡くしていた。それがTと長くつき合った理由ではない。Tは私の人生の見本だった。苦節、苦境も平然と受け入れた。

その日の夕暮れ、銀座の鮨屋で待ち合わせた。その店は私たちがいつかカウンターで食べるぞ、と通った店で、前の主人は亡くなったが、働き、稼ぎ、遊んで来た男二人の甲斐性の店のようなところがあった。

「人生岐路多しだな……」Tが李白の一部を口にした。私はこうしてここで呑めたんだから、それでいいと思うことにしていた。

私たちは小雨の銀座の路地で笑って別れた。

去り行く人へ

　あまり電話をして来ることがない家人から、それも夕刻の、一番執筆に忙しい時に連絡が入った。

「何でしょうか？」

「巨泉さんのコラム読まれましたか？」

「はい。いいコラムでしたね。文章家の先輩の一文と考えると淋しくはありましたが、まあいずれ私にも、同じ時が来るんだろう……」

　大橋巨泉さんの最終回のコラム（週刊現代「今週の遺言」）は巨泉さんのファンの方にはやり切れない思いがあったと思う。

〝愁襟《しゅうきん》〟という言葉があるが、意味は愁心、愁思とほぼ同じで、憂えるこころ、気持ちのことだ。

〝愁襟〟は中国の詩人、白居易が使っており、師や友への切ない思いに、立ちつくして姿勢をただしていることである。

巨泉さんの一文に、私はそんな感情が湧いた。しかしそれは一文に対するものだけではなく、二十年間、九百三十回という歳月に対しても、私が今後、このコラムを書く折に、姿勢をただして書き続けることでもある。

文章を書き続けるということは、生きる姿勢を作り続けることでもある。姿勢を作るとは、それまでの自分をこわし、あらたに作りはじめたり、それまでのものを否定し、まったく別の自分を見つめることでもある。

文章は才能で書くものではない。

文章は腕力で書くものである。腕力とは文字そのまま腕の力である。つまり体力が文章を書かせるのである。

体力の素は、気持ち、気力である。

気力が続く限り、その人の仕事は文章家であり、文人なのだ。

これは大工も、鮨職人も同じである。

鮨は口に入れると、新鮮な種を食べているように思うが、実は職人の気力を口に入れているのである。

だから私は、そういうものを子供に食べさせるべきではないと常々言っているのだ。

子供には、母親がこしらえた鮨もどきか、スーパーの安売りの鮨で十分なのである。

人には年相応のものと接しなくてはならない社会の規範がある。

電車のグリーン車に、ディズニーランド帰りの子供を連れて乗って来る若い母親は、やはり愚かなのである。

グリーン車は普段、社会のために懸命に働いている人たちがしばし休むためにあり、きちんとした仕事をして来て、今は高齢になり、ゆっくりと電車の移動をする人たちが乗るものなのである。

電車に乗る姿勢もそうである。ふんぞり返って足を伸ばし、ゲームをやっている若者を見ると、ピンポイントでこの若者の頭の上にボウリングの玉が落ちて来ないものかと思ったりする。

若者と書いたが、私が電車などで見かける彼等は、実は十分、大人の男なのである。

金は払ってるんだから、と言う輩がいる。

実際、電車の中で注意して、そう言われたことがある。私は言った。

「金を払ったから何だと君は言うんだね」

「金を払ってるんだから、ここでどうしようとかまわんじゃないのか」

「たかだか金を払ったくらいで、好き勝手ができる場所が社会のどこにあるんだ。好き勝手したいなら、この車輛ごと切符を買ってやれ。いや通り抜ける時におまえのような奴を目にするのは気分が悪いから、列車ごと買い切ってやれ」

私は逆上すると見境いがなくなる。

金で買えないものはない、と堂々と言い、それを信じているバカがいる。

私に言わせると、金で買えるようなものは碌《ろく》なものではあるまい、となるが、そう言っても理解できまい。

巨泉さんのお蔭で、私が師事した文章家、阿佐田哲也こと色川武大さんは、その愛嬌に満ちた風貌が世に知れ、いったん牌にふれると鬼神のごとき打ち方を披露し、多勢の麻雀ファンを獲得した。

たけしさんも世話になった。

文章家が、文章から離れることがどれだけ辛いことかは、正直、私にはまだよくわからない。わかっていれば、この文筆とてもう少し懸命に書いているだろう。

巨泉さんの時間が、ゆったりとして、彩雲のまぶしさに顔がほころんでもらえれば、と今は願っている。

第二章
悲しみは、いつか消える

別離をくり返して

今年の始め、帰省した折の夕刻、近所に出かけて家に戻ると、母が玄関から出るところだった。

「どうしたの？」

「少し散歩をしようと思って……」

「妹は？」

「午後から出かけたわ。まだ帰らないので暗くなる前に歩こうと……」

母は数年前から足の具合いが良くなくて、手術もしたが快復しなかった。だから散歩は妹か、長姉がともにする。高齢（九十六歳）ということもあるが、生家の前は車道になっていて、よろけたりすれば危険だった。

「じゃ私が一緒に行きましょう」

「あなたはお仕事があるでしょう。一人で大丈夫だから」

母は小説家という職業を誤解していて、作家はいつも作品のことを考え、いっときも休むことがない仕事と思い込んでいる。

十年近く前、父の法事で珍しく家族が生家に集まった時、階下で宴会になり、義兄が私を呼びにやるように姉に告げたら、厳しい声で、

「やめなさい。あの子は今、上で仕事のことを懸命に考えているのです。邪魔をしてはいけません」

皆に言ったというのである。

義兄も姉、妹たちも驚いて顔を見合わせたという。その話を聞いて、私は母に言った。

「そんな四六時中、小説のことを考えたりしてはいませんよ」

母は返答をしなかった。

私が作家を職業としてやってみようかと母に話し、母がそれを父に伝えたところ、父はひどく怒り出して、おまえの教育が悪いから、息子がそんなバカなことをするんだと言ったという。実際、父は私がいくつかの文学賞を貰っても、作家という仕事を認めようとしなかっ

た。

「仕事というものは、それを懸命にすれば、従業員をはじめ皆が良くなるものだ。おまえの仕事は、自分だけが良ければそれでいいんだろう。相場を張ったり、毎日、株を売買いしとる連中と同じじゃないか。長く勤めてくれた従業員の伜が、大学へ進学すると報告に来てみろ。こんな嬉しいことはない」

作家の仕事は、そんなものとは違うし、何か人のためになっている時もあると説明をしてもいいのだが、作家の皆が皆、そうではないし、父の考えも一理あるので、私は反論することはなかった。

手塩にかけて育て、それも跡取りとして他の子供たちより少し優遇を受けさせ、大学まで行かせて大人になったら、作家になりますでは、私が父と同じ立場だったら、やはり、作家なんぞに、と思ったかもしれない。

母は父に叱責されながら、私を励ましてくれていた。作家のことを打明けた日、

「そう、それは大変ですね。じゃ簞笥《たんす》のひとつやふたつは失くなる覚悟をしましょう。母は少しへそくりもあるから頑張りなさい」

と笑って言った。

母がゆっくりと手押しの車を押し、私の前を歩いて行く。うしろ姿は驚くほどちいさくなっているが、私は母を見下ろしたことは一度もない。今もそうである。

私にとって母はいつも見上げる人だった。

母がゆっくり食事をするところを見たことがないし、いつも朝早くから、夜遅くまで忙しく立ち働いていた。テレビなど見ている姿など記憶の欠けらにもない。

ただどういうわけか、母は時折、私を誘って生家のすぐそばにある港の桟橋まで散歩に出かけた。他の子供はそんな記憶は一度もないと言う。

「ねえ、少し散歩へ行かない」

「うん、草野球があるんだけど……」

「少しよ、すぐに済むわ」

少年の私は母が言うと渋々つき合った。

忙しい母であったが、散歩になると、まるで違う人のように、道端に咲く花を見つけて立ち止まって眺め、空の雲を仰いで立っていた。

夏、燕の〝渡り〟の前の、群なして入江を飛翔する姿を見つけると手を合わせて言った。

「無事に返って来るのよ」

桟橋の突端に着くと、沖合いを見てじっとしていた。私はそのうしろ姿の記憶を、生き別れになったたった一人の弟、叔父さんのことを思っているのではと想像し、作品を書いた。今は車道に変わった入江の道を母と歩きながら、

——この人はいったい何人の人と別離をして来たのだろう……。

と思った。

母は足の具合いがイイと元気そうに言う。

真偽のほどはわからないが、私は安堵して、それは良かったですね、と応えると、母は満足気にうなずく。

伴侶であった父、息子であった弟、両親も兄弟も、大勢の人に別離をしている。それでも母はそれを受け入れ、元気に生きようとしている。それだけで、私はこの人にかなわないと思う。

甘えのない人に映る。生きることは別離をくり返すことなのだろう。母に教わった書、詩歌……、それは私の中に生きている。

君は正しかった

六十歳過ぎて歯を磨いちゃイケナイ。週刊誌の特集を読んで驚いた。

六十五過ぎて歯を磨き出した私はどうしたらいいの？

このところ週刊誌はクスリの記事が多い。

それだけクスリを飲んでいる日本人が多いということなのだろう。

実際、毎日、クスリを飲んでいる人にとっては、今自分が飲んでいるクスリが、大丈夫かどうかは死活問題なのである。

たしかに、今のクスリは問題はある。

記事の信憑性は判断がつかない。薬品メーカーの宣伝がない雑誌の記事は信用できる気もするが、それも何とも言えんな。

私はクスリを飲むことがほとんどない。

唯一、三十年間飲み続けているのが二日酔いのクスリで、今はこれがシミ・ソバカスにイイと宣伝している。

「伊集院さん、歳のワリにシミ少ないですよね。何か秘密でもあるんですか」

「そりゃ、酒だよ。二日酔いだよ」

——この夏、何かイイコトがあったか？

私は六十歳を過ぎて楽天的に生きるようにしたから、イイコトはいろいろあった気がする。

気がするのは、ボケが入ったこともある。

少しとぼけて生きることは大切である。

お笑いのボケではない。あのボケには〝突っ込み〟なるものがあると言う。〝突っ込み〟と言う言葉に、芸人の卑しさが漂う。しかし卑しさは芸人の根である。そこがイイのではなかろうか。

職業というものは、要は覚悟である。

この夏、イイナと思うことがあった。

WOWOWというチャンネルのテレビ放映をたまたま見ていて、サザンオールスターズの桑田佳祐さんが、〝東京の唄〟という番組をやっていた。

――何だ？　これは……。

と見てみると、いきなり〝新宿そだち〟を歌っていたので見入ってしまった。

――こんな歌を忘れずにいてくれた人がいるんだ……。

四十数年前の新宿、歌舞伎町がよみがえった。私は腕力もないのに、ボディーガード（用心棒か）をしていた。バカダネ。

続いて〝東京砂漠〟。マイッタネ。

気が付けば家人が背後でじっと聞き入っていた。

「いいわね。桑田さんって、こんなに歌が上手いのね」

「前川清も歌い分けてるよ。センスがあるんだな……、この人。いやタマゲタ」

新聞小説の締切りが迫っていたのだが、最後まで二人で聞き惚れてしまった。

東京がテーマのオリジナル曲も良かった。

最後に番組のテロップが出た時、

「オイオイ、フーテンの寅も歌ってたんじゃないか。チクショウ……」

「これ再放送しないのかしら？」

上京した私に家人が連絡して来た。

「秋に発売するらしいよ。買って来て下さいね」


十数年前、まだヤンキースで松井秀喜選手が大活躍していた頃、ニューヨークでいろいろ話をしているうちに話題がなくなって、

「松井君、君、歌謡曲とか聞くの？　誰か好きなアーチストはいるの？」

と訊いたら、

「サザンの桑田さんは大好きです」

と言われ、彼等の楽曲をよく知らなかったから、

「あっ、そう」

とつれなく言うと、

「聞いたことないんでしょう。わかってませんね。歌謡曲ってものが……」

と小馬鹿にされたような言い方をされた。

知らないはずはない。たしか私が作詞家でデビューしたての頃、ヒット曲の作家の表彰があって、私はピンク・レディー、岩崎宏美に詞を書いて、その式に出席したら、若いアンチャンたちが同じ席に座っていた。

——何なんだ、この学生みたいな連中は？

と見ていたら〝勝手にシンドバッド〟というその年の大ヒット曲の先生たちだった。

その爽やかさに、もう白分たちの時代じゃないのかナ、と思った。

こんなところで謝るのも何だが……。

ヒデキ君、君は正しかったよ。さすがにWシリーズのMVPだけあるよ。スミマセンデシタ。

あとは大川栄策さんのファンクラブに入ることができれば、今夏のイイコトは完了。

♪つくしても〜つくしても〜、ああ〜〜他人の妻だナ。

三十年間覚えていた

いつ頃からか、私は自分で何かを買うということをほとんどしない。

煙草くらいだが、それも買い置きがあるので金を出して買うことはない。

途中で切れても、銀座なら、煙草を下さい、と言えば持って来てくれる。銀座のクラブで煙草代をいちいち出す客はいない。

伝票に煙草代が付けてあるのか知らない。

伝票を見ることがない。いちいち伝票を見ていたら、高くて飲む気がしなくなる。

先日、仙台の家を出る時、

「珍しいですね。靴の先が光るまで履いて」

と家人に言われた。

その靴はヒモなしの靴で裏革であった。

その靴先が光っているということは相当長く履き続けているということである。

「新しい靴をお買いになったらどうですか」

靴を買うことにした。

上京した日、鼻の手術後の経過をY先生に診てもらい、順調です、と言われ、病院を出て、新宿のデパートにむかった。

靴の専門店ではなく、どうしてデパートにむかったかと言うと、今から三十年前に、競馬好きの男と府中競馬場へ行き、その日、その男が運良く勝ったので、勝利の祝いに、

「伊集院さん、あんたの靴を買わせてくれ」

と言われた。

で、電車を新宿で降りてデパートに連れて行かれた。

「ほう、デパートで靴なんだ？」

「靴は、新宿Ｉ勢丹です。常識です」

私はこう言う物言《ものいい》が好きである。

結局、靴は買わずじまいだった気がするが、その男の教えを三十年間覚えていた。

ギャンブルに勝つと靴を買うことは、ギャンブル好きなら知っている。

なぜ、靴か？

それは靴は身に付けるものの中で長く使うからである。その靴を履く度に、

――あのレースで勝った折の靴だ……。

と長く勝った折の嬉しい気分がよみがえるからだ。それほどにギャンブルは勝てないものなのである。

――勝ってなお足元を引き締める。

と言うギャンブラーもいる。

私も、後輩のギャンブル好きには靴をすすめる。あともう一点はカーディガンである。こちらも長く着るからだ。おそらく、カーディガンは冬に二、三度着るくらいで、十年以上、その人とともにいる。着る度に、嬉しい思い出がよみがえれば、それは悪くない。

新宿のI勢丹に出かけたのは、去年の秋、社長のO西さんと知り合って、一度ぜひ店の方へもと言われ、とても感じのイイ紳士だったからだ。

デパートに入るのは十五年振りだった。

靴売り場は地下にあり、お洒落なインテリアだった。欲しいかたちを店員に話し、数足のお洒落な靴が目の前に並んだ。

「この中で27、28センチのサイズがあるのはどれですか？」

「えっ、27、28センチですか」

店員は私の足元をじっと見て言った。

「生憎、そのサイズの靴は当売り場にはご用意ができていません」

「ひとつもかね？」

「ええ申し訳ありません」

その瞬間、三十年前も同じことがあったのを思い出した。

――そうだった。日本には私の靴のサイズがなかったんだ。それでいつも……。

私は靴を海外へ仕事で出かけた時に買って帰る。デパートでも十分サイズはある。同じものを二足。ふたつみっつのデザインを買うので、別便で日本に送っていた。

この六、七年、私は海外へ出ていない。出かけるのが億劫になったことと、テロが続いたからである。

常宿に帰る道すがら、そうそう、日本で靴を探しに行く度、嫌な思いをしていたのだ、と思い出し、舌打ちした。

バカの大足と言う言葉を、昔はよく使った。
四十六、七年前、文学部の教授の家を訪ねて、卒業論文のテーマをうかがったことがあった。緊張しながら教授と話をしていたら、玄関先から、お孫さんの声が響いた。
「オジイチャン、玄関に大きなお船みたいな靴があるよ。スッゴーイ」

いっぺんに汗を吹き出し、教授が苦笑したのを思い出した。

背丈は少し縮んだのに、足はそのままなのが妙である。

私は振り返らない

時間というものは不思議な力を持つ。

子供の頃は、たとえば親から言いつけられて、ここで誰某《だれそれ》がみえるのを待ちなさい、と待つことになると、一時間がなかなか過ぎてくれなかった。

逆に原っぱで野球に夢中になっていると、気付けば、冬の陽は暮れようとして、一人、また一人と家路にむかって消えていく。最後まで遊ぼうとする私は、なんだよ、さっきはじめたばかりなのに、と暮れ泥《なず》んだ空をうらめしそうに見上げた。空が悪いのではなく、時間の力がうらめしかったのである。

大人になり、或る年齢になると、時間が過ぎるのをおそろしく速く感じる。周囲の人の声を聞くと、四十歳前後から還暦を迎える頃までが、アッと言う間らしい。

私の文章を読んだ人から、よくあんなに昔のことを覚えていますね、と言われる。家族の記憶なども、よく覚えていますね、と母から言われたりする。記憶はしているが、私は自分の過去を振り返り、あれこれ思ったことは一度もない。これは性格なのだろう。亡くなった父親にも、そういうところがあって、昔話をしている父親を見たことがない。

過ぎたものは、もういい、と言ったふうであった。

近しい人が亡くなって、一年が過ぎ、大半の人は、もう一年が経ったの、早いわね、と口にする。ところが亡くなった相手が伴侶や、それ以上に近い人（親、子供、兄弟）であったら、まだ一年しか過ぎていない……、と当事者は思う。私にも経験がある。

三回忌が丸二年。七回忌が六年。この歳月（時間の量）はまことによく設定してある。

もう三回忌が来たの？　と吐息をつくが、七回忌の方は、もうが取れたりする。

「七回忌になるんだね……」

と三回忌とは違うニュアンス、感概を抱く人が多い。

哀しみに耐えねばならぬ人に、

――時間がクスリ

と言っても、すぐに理解ができないが、十年、十五年と経てば、その時はヒビ割れたり、ささくれていた感情が、その傷のかたちが変わっているのに気付く。時間がおだやかになっているのである。

同じ速度、同じ量を時間は示すのに、ヒビ割れている時間とおだやかな時間はまったく性質の違うものである。

私が子供の頃は、年の瀬になると〝行き倒れ〟というものがあり、一晩冷えた夜があり、朝を迎えると、大人の男のせわしない声が町内に響き渡った。

「行き倒れだ。行き倒れだぞ、△△橋の下で、行き倒れだ～」

食べ物もなくひもじい日々だったのだろうが、それ以上に防寒を含めて、生きるための〝気力〟という衣を持たなかった人である。

人が群がる橋にむかって走って行っても、

「子供は来るんじゃねぇ。むこうへ行け」

と怒鳴られた。

それでも〝行き倒れ〟は、想像するだけで子供ごころにも恐いものだった。

「もう数日、頑張れば新しい年が迎えられたのに不憫なことを……」

母はそう言って目をしばたたかせていた。

現代社会に〝行き倒れ〟は見られなくなったが、どこかで似たようなことが続いているのが、世間というものである。

――年が越せるだろうか……。

と心配する家や、人もかなりの数いた。

借金を年明けまで待って欲しい、とか、このままでは子供に正月の餅ひとつ食べさせることができない、と言う言葉を聞いた。

駆けずり回ったり、思案したり、吐息を零《こぼ》し続けても、奇妙なもので、除夜の鐘がなり、やがて元旦の朝陽が静かに昇り出し、周囲に光がひろがると、それまでの苦悩が嘘のように晴れてしまう。

――過ぎてしまえば……。

私はよく自分で、この言葉を口にすることがあった。

これも時間の不思議な力だろう。

元旦の朝の空というと、なぜか私は澄みわたった青空の記憶が多い。

掲かげられた日の丸の、あの先端の金色の球が朝陽に光り、その光が真緑の松飾りと竹を艶やかにしている光景だ。
年が明ければ、もうどこかで梅、桜の声がする。時間は奇妙なものである。

今は思い出せない

人形町にE戸路という鳥料理の店があり、時折、週末（日曜日が多いが）に寄らせてもらう。

店の人が感心するほど働く。見ていて気持ちがいい。その上、何を食べても美味い。

私は夕刻からカウンターに座り、主人のN崎さんが、最後に炭を片付ける時分まで、ほろ酔いで眺めている。

面白いもので、その作業が一から十まで、毎夜、何ひとつ変わらぬ手順で、店の仕舞い仕事をする。

職人はたいしたものである。

外国の客もよく見うける。これが昔と違って、外国人の方がおとなしくて礼儀正しい。

先週、E戸路を訪ねると、店の終り間際に草野球のユニホームだろうか、それを着た短髪で、いかにも昔気質《かたぎ》のアンチャンが入って来た。

カウンターに座るなり、ビールを注文し、焼鳥も一品だけ口走った。ところがビールを一口飲むと眠りはじめた。

私はずっとその男の顔を見ていた。

――世の中には似ている人が七人居ると言うが、本当に似ている……。

その客は、私が二十代の頃、世話になった人に似ていた。

テッチャン、と人は皆愛称で呼んでいた。

鎌倉の町に、少し入ったばかりの頃、私はK寿司のオヤジに彼を紹介して貰った。

テッチャンは金具、建具材を扱う店で働いていた。鎌倉でも大店の商いをしている店だった。そこのお嬢さんと結婚し、懸命に働いていた。

私と逢うなり、50年代の音楽の話やら、彼がやっていたバンドの話をしてくれて、その頃、どちらかと言うとかたくなになってしまう青二才の気持ちを柔らげてくれた。

前妻とマスコミに追われている折も、家に二人で泊めてくれた。もっといろんな親切をして貰ったのだが、今は思い出せない。

ただ人形町の店で、その酔っ払っている客を見て、四十年前にやさしくして貰ったことが、いちどきによみがえって、気持ちが動揺した。テッチャンは可哀相な死に方をした。チェッ、と私は舌打ちした。

——あんな死に方をする必要なんかなかったんだ、畜生。

そう思った途端、見つめていた、その客の姿が歪んだ。

もう四十年が経つ。芥川龍之介も川端も、なぜいまひとつ作品を認め切れないかと言うと、自死には彼等が自分を特別な存在と信じ込んでいる傲慢さがうかがえるからだ。生きたくとも、生きられなかった若い人はゴマンといる。

——何が文学だ。情けない……。

新しい本を出版して、礼状が届いた。

そこに亡くなった銀座のバーテンダーのH川の墓のことが書いてあった。

墓標に〝韋駄天のハヤ〟とあったと言う。

それは私がH川に付けたアダ名だった。

——まさか、本当にそうしたのか……。

銀座のTながは編集者の集まる店で、酒乱が集う店でも有名だった。

昔、S潮社に、酒乱の3Mと言うのがいて、その一人が大学時代ボクシング部でならした男で、編集長までしていた。

H川は、その男が、時折、客同士の諍いで手を挙げることに不満を持っていた。

「伊集院さん、一発やって下さいよ」

「俺は喧嘩はやめたんだ」

ところが編集長が酩酊してる時、私が店を訪れた。私も酔っていたので、状況がわからず、編集長の隣りの席に座った。

ドアを開けた時に騒がしかった店内がヤケに静かだった。

「おい、やろうか？」

いきなり言われた。

「何をだ？」

相手はいきなりカウンターを拳で叩いた。

私は修羅場を目の当たりにすると、ひどく冷静になる。それはたぶんに私が少年の頃、何百回と相手に殴られて来たからだと思う。

私は相手の顔を見返し、顔を覗き込んだ。

それで事は決着したのだが、韋駄天のハヤが言うには、私が小声で、家族はいるのか、と訊いたと言う。

私にはそんな覚えはないが、それでH川が喜んだのなら、それで良かったと思う。

梅雨が明けたら墓参に行こう。

なぜくり返すのか

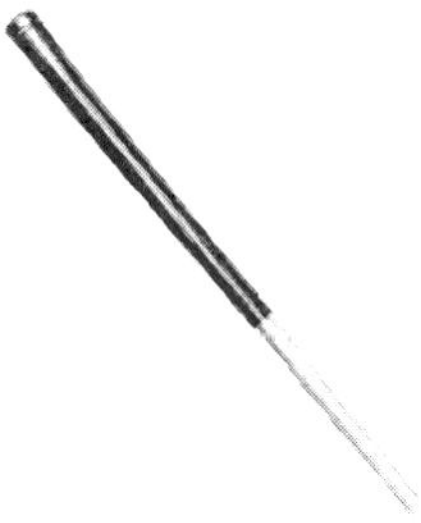

何度も同じミスをくり返す。

早朝、家を出る前にミスをせぬようにと自分に言い聞かせたのに、同じミスを平然としてしまう。いや、早朝どころじゃない。昨夜も、そのミスについては確認したはずだ。

これが仕事上のことなら、とっくの昔に生きてはいけなくなっている。

大人の男として、恥かしい。

ゴルフのミスのことである。

みっともないったら、ありゃしない。

東北一のバカ犬のノボに、きちんとせんかと言える立場ではない。

以前、文章について書いた折、これをスポーツにたとえて、ボビー・ジョーンズの名前まで出したのに、その週末のゴルフコースで、それをいち早く目にしたK談社の役員からフェアウェーで言われた。

「伊集院さん、今日はスイングが少し早いように思われますが、今週読ませていただいた連載に、〝ゆっくり丁寧〟とありましたが」

その言葉に逆上して次のショットを振ったせいか、ボールは林にむかって飛んだ。

——いや、まったくそうだ。彼の言うとおりだ。〝ゆっくり丁寧〟だ。

フェアウェーでスイングをチェックしているとすぐ真横のラフから声がした。

「伊集院さん、これどう打てばいいんですかね？」

「えっ！　何だって？」

私は後輩のS君の所に駆け寄り、

「深いラフだからひとつ少ない番手のクラブを短く持って、まず脱出が優先だ。ボールから目を離さず、力みをなくす」

そう言って去りかけて付け足した。

「あっ、それと〝ゆっくり丁寧〟だ」

見事にラフからボールは出てグリーンエッジに届いた。ヤッター、ボクもしかして天才？

と背後で声がした。

ここ数年、原稿用紙に書く文字をちいさくしたせいか、夕刻、仕事が終る頃、右手首がズキズキと痛む。腱鞘炎なのだが、ゴルフをラウンド中は湿布を貼りサポーターをしてプレーする。

「ほうゴルフのし過ぎかね」

「…………」

返事をするのも面倒で、うなずく。

――湿布するほど練習しているなら、こんなみっともないプレーをするか！ 失礼な。

どうしてゴルフになると逆上するのだろうか。いい歳をして恥かしい。

ところが見ている人は、私が口惜しそうな顔をコースでしたのを見たことがないと言う。

――だとしたら、よほど逆上しているのだ。

以前、美人の誉れ高い作詞家の阿木燿子さんとラウンドした時、グリーン上で3メートルくらいのパットを15メートルくらいオーバーしたのに驚いて、もう少しタッチを、と言ったら、笑って言われた。

「私、ドライバーが好きなの。バーンと打ったら気持ちがスカッとするの。パターはチマチマしてて大嫌い。遊びなんだから」

——ナルホド。

S社のS君がゴルフのコーチを替えたというので、近頃、シャンク気味のショットを見てもらいがてら横浜まで電車に乗った。

——締切りも溜っているが、シャンクが先。

コーチ振りを見ていると、少し前までのS君のコーチだった人とまったく逆のことを教えている。二十六歳だと言う。でもイイ感じだ。

「S君良かったね。前のコーチからお金を回収したら。なんなら私が取り立てるよ」

孫と言っても通用するコーチに教えを乞う。上手く行かない。それでも懸命に打つ。

「おかしいナ。こうすればほら誰でも」

私はショットを止め、コーチの顔を見る。

——誰でもって、今、誰に言った。日本国憲法も読んではいないはずの若造が。震災で家族や近所の人の力になった私にむかって、誰でもできるのにと、ほざいたのか？

勿論、これは口にしないが。どうしてゴルフはこんなに逆上するのだろうか。

謙虚が一番である。けどもう一回ミスしたらいっそ検挙してもらってゴルフのない島に流して欲しいョ、とも思う。

先日、岐阜の山奥で村人にゴルフの話をさせられた。

「こころが真っ直ぐな人はボールは曲がりますから（爆笑）」

自分で何を話しているかわからなかった。

夜半、仙台の仕事場で、急に思いついて、

「そうか、グリップだ。原因はグリップだ」

とノボが寝ているソファーのそばでスイングをはじめると、ノボがじっと見ている。

――そんなことする時なの。編集者待ってるゾ。それに、そのグリップ違うんじゃない。

「ナンダ、その目は、クソッ」

大人の男が何をやっているのだろうか。

もっと話しておけばよかった

親が子供に対して、最後になし得る教育は、己の死を以って伝えることだ、と話したことについて、もう少し書いてみよう。

私は、自分の父が亡くなった後、父の担当医の述懐として彼が家族に対して、身体にいかに激痛が走っていても、それを口にしなかったことで、学ぶことがあったと書いた。

しかしそれは私の父が死をもって、私に教えてくれたことの、ほんの一部であって、実はもっと大切なことを、父は私に教えてくれた。

その最初は、通夜、葬儀の席に弔問に訪れた人たちから聞かされた言葉だった。

「あなたのお父さんは、晩年、あなたのことを皆が誉めて話すと、本当に嬉しそうにしていらっしゃいました」

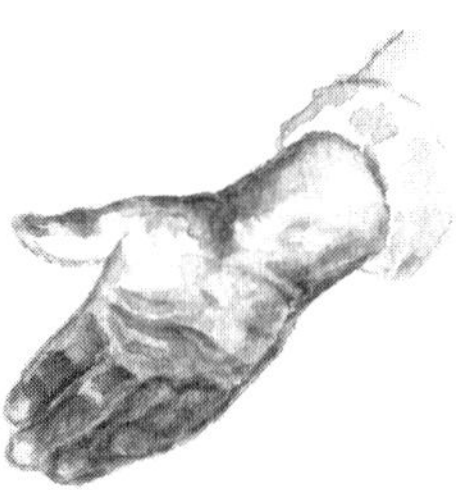

その話を聞いた時、私は、正直、驚いた。

父は、私が職業を、小説家として歩んでみよう、と言う意志を母から聞かされた時、母をひどい剣幕で叱ったと聞いていた。

父に言わせれば、小説家なぞというものは、世の中にあっても、なくともよい仕事であった。今でこそ、小説家は世の中に認められているが、あの頃の田舎の人から言わせれば、大方、詐欺師のような職業と思っている人が多かった。

父が、私の歩み出そうとする職業を知って母を叱責したのは、彼が半生で学んだ、大人の男の肝心があった。

——その仕事は他人のために、己以外の人のために役に立ち、必要とされる職業か？

父にとって、仕事とは自分たちがきちんと生きることができ、なお、誰かのために役立っているかが大切だという考え方だった。

「考えてもみろ。一人の男が事業をやり続け、それが二十年、三十年とやり通せた時、永く勤めてくれた従業員が、家族を持ち、子供が生まれ、その子供を育てて、やがてその子供が、わしの所に、大学へ行かせてもらいます、と挨拶にやって来るんだ。こんな誇りのあることはないじゃないか」となる。

父の死後、残った財産の片付けがあった。財産の中には借金もある。幸いそれはなかったが、貸付けていた金銭、その他も財産である。借用証もかなり出て来た。

「この名前と住所は、私が通った頃の学校の校長じゃないのかね。こっちは消防署長と違うのかね」

「さあ、私は知りません」

母の与《あずか》り知らぬところでの金の話である。

「ここに名前の書いてある人たちは、お酒が好きでよく遊んでいた人だったからね……」

——どういうことだ？

母がひとつ気になることがあると、私だけに言い出した。

父の故郷である韓国にいくつかの土地があると言う。

その登記証を出して来た。

五つ、六つとたしかに土地があった。

「オヤジさんは故郷に戻って事業でもやるつもりだったの？」

「いや、そうじゃないと思います」

「じゃ何ですか？」

「…………」

母は黙った。

――また女性でもいたのか？

「母さん、黙っていてはわかりません」

母がようやく話し出した内容に、私は目を丸くした。

父は韓国に、家族の員数だけの土地を所有していた。

「お父さんは、将来、必ず日本は戦場になる。その時、皆がこの国を追われることになったら、故郷に帰るしかない。故郷に帰っても土地がなければ生きて行けないだろう、と話していらっしゃったの……」

「本当にそう話していたの？」

「ええ」

嘘や、冗談であれば、これだけの数の土地の登記証があるはずはなかった。

最初、驚き、半分呆然としたが、その夜、父の生きて来た、私の知る限りの彼の人生の軌跡を考えてみた。

――父には、父の歴史観があり、もしかしてそれは間違っていないかもしれない……。

世界中に難民が増え、国防費が増大する日本を冷静に見れば、父の考えは間違っていなかったのだと思うことがある。

人生を懸命に生き、そこで経験した苦しみや悲惨なものは、たとえ学問を、きちんと教育を受けておらずとも、家族が生き抜く哲学、歴史観を作るのである。

そして何よりも、私が父の言葉で再認識させられたのは、朝、人より早く起きて、すぐに仕事をしろ、である。ようやく、この頃、それが少しできるようになった。

生きている時にもっと話しておけばよかった。

生きていれば……

箱根の紅葉は見事だった。

桜は苦手だが、紅葉はいつまで眺めていても飽くことがない。

ゴルフコースの9番ホールのティーグラウンドの後方にあった満天星《どうだんつつじ》の紅色もあざやかだった。この木が春にはちいさな白い花を咲かせる。花は可憐で少女のようだが、秋の紅葉は熟女のようで少し怖い感じがしないでもない。

あれはもう何年前だろうか。

東京で独り暮らしをしていた私の所へ、故郷の母から段ボールがひとつ届き、中を開いてみると、モミジ、楓《かえで》、木通《あけび》の実、蔦《つた》の葉が、ひとつひとつの枝の切り口を濡らした脱脂綿にくるんであった。

手紙に〝一人暮らしでは秋の色も見ないでしょうから〟とあった。

私は、それらの枝、木、実を採集する母の姿を思い浮かべ、有難いことだと思った。

その母に、先日、叱られた。

「私は許しませんから……」

と最後に言われて電話は切れた。

六十六歳の息子が、九十五歳の母に叱責されたのだから、面目も何もあったものではない。

電話が切れて、窓辺に寄り、しばらく流れる夜雲を見ていた。

まだ若かった母の姿が浮かんだ。

女学生だった母は、父親が仕事場（塩田）から戻ると、温めておいた湯を桶に入れ、それをかかえて父の下へ駆けたそうだ。

仕事で汚れた足を娘が丁寧に洗うと、父親は、容子（母の名前）にこうしてもらうと天国に行った気分じゃ、と言った。その言葉を聞きたくて、母は玄関先に立って堤道を歩いて帰って来る父の姿を見ていた。

その娘も、やがて結婚し、六人の子供を産んで育て、伴侶の父も先立ち、今は故郷の家にいる。長姉と妹が、母の世話をしてくれている。

私が帰省する大晦日の夕刻、母は杖を納戸に仕舞い、玄関に立って私を迎えてくれる。

母はほとんど私に連絡して来ることはない。

家人と時折、電話で話をする。その時、家人が私の声を母に聞かそうと、替わるようにしてくれる。

「まあお忙しいのに、あなた……」

母は最初に必ずそう言う。

私は、子供の時から姉や妹と長く話をしたことは一度もない。

六歳になった時、父が、女所帯の中に男の子を置かない方がいいと言い、私は独りで従業員の宿舎の方で生活をした。

しかし弟はずっと母家で、女たちの中にいた。

六歳の子供が一人で寝るのは、正直、怖かった。野球のバットを横に置いて寝た。

その部屋に、母はよく近くで採った花を、牛乳瓶の中に活けて置いてくれた。その花の茎や枝に、花の名前が書いてあった。

私が花の名前を覚えたのはそのせいだ。

「一人だと淋しいからね」

母はそう言って花を活けて行った。

だから上京して、母の段ボールの中身を見た時も驚かなかったし、むしろ苦笑した。あとはよくハンカチも届いた。

私が汗っ掻きだったからだ。部屋に遊びに来た友人が、おまえの部屋、やたらとハンカチがあるな、と珍しがっていた。

亡くなった弟が、もし生きて大学生になり、生家を離れていたら、同じことを彼女はしたのだろう。

子供の時、何かの用事で母と近所まで一緒に歩くと、花などが咲いていると、あら今年もちゃんと咲いたのね。偉いわね、と独りで話していた。「母さん、遅れるよ」と私が言っても、彼女はしばらく見惚れていた。

今は、もう少しそっとしておいてあげるべきだったと思う。

六十六歳の息子が九十五歳の母に叱責されたのは、褒章の受章を、息子が断わるらしいと、家人が母に報せ、それを知った母が私に連絡をして来て、お父さんが生きていらしたら、きっとお怒りになったはずです。私は許しません。

私のなす全ての事を許してくれた母が、初めて口にした言葉だった。今は、毎夜、忙しい宴が続くが、仕方あるまい。

第三章
どこかで逢ったら

破り捨てた手紙

日記を付けるということを、最近の人はあまりしないという話を聞いた。

日記を付ける、とはどうなのか。日記を書くだろう。

以前は、今もそうかもしれないが、新しい年になると、今年こそはと日記帳を買って、元旦から書き出す人がかなりの数いた。

大半の人は、桜が咲く頃にはやめる。猛者《もさ》は元旦の酒を飲み過ぎて、コタツの脇に置いた日記を蹴飛ばすらしい。

私も半生の中で、日記を書いた時期はある。

若い時で、ほとんどが野球をやっていた折の、練習の内容や、目標が書いてあった。読み返した時もあるが、恥かしいような文章である（文章ではないか、記述だナ）。三年分の日

記帳で二冊あったから六年近く書いたのだろう。なぜ書いたか？　私に野球の指導をしてくれたコーチが、書け、と言ったからだ。

　引退した広島の黒田博樹投手がメジャーリーグに入って記述した野球ノートをテレビの番組で見たことがあったが、あれほどの選手でも、記述しなくては、ひとつのプレーでの意識が曖昧になるということなのだろう。黒田、松井秀喜、野茂英雄の三人はメジャーできちんと仕事をした日本人選手の代表だろう。

　私については、その野球の時以外は日記を書いたことはない。だいたいが、私は過去でも、朝から起きたことでも、それを覚えないどころか、ほとんど興味がない。自分が書いた小説を読み返したことは一度もない。アラが目立って、情ないやら、腹が立つからである。

　この十年で日々の記述をしたのは、東北大震災の初日から一ヵ月までである。電灯が点らない、余震が間断なく続く家で、ロウソクの灯の下で、起こっていることを刻明に記述した。実際、このままではどうなって行くかが見えなかったし、此の地で起こっていることを作家として記述しておくことがいつか大切になると思ったからだ。

　それを考えると、人間は苦しい、辛い時に己の置かれた立場、状況を文にして、何かを考える手がかりにするのかもしれない。

苦しいと言えば、まあ悩ましいでもいいが、恋文、ラブレターなども、差こそあれ、人の感情の揺れ方は、災害時と似ているのかもしれない。だから日記と恋文（出さなかったものでも）はあとから読み返すものではないのだろう。

種田山頭火は、或る冬、自分の日記を焼き捨てたらしい。

焼き捨てて　日記の灰の　これだけか

私はこういう俳句を詠む男が好きでない。

わざわざ焼き捨てたことを書くか。そこに私の嫌悪するナルシズムを感じるのだ。

山頭火と私は故郷の町が同じで、時折、その由縁で文章の依頼を受けるが、書かない。駅前に銅像まで建っている故郷の英雄を悪く書くと、母親に叱られる。母は今年九十六歳である。若ければ叱られてもかまわぬが、これほど無事に生きて下されば、穏やかに暮らしてもらいたいのは、当然のことである。

ああ、他にもあった。前妻が闘病中の二百日余りの記述があったが、これは納骨の日、彼女からの手紙とともに破り捨てた。それほど逆上していたのだろう。

家人に言わせると、私は辛抱がよくきく男であるらしい。故郷の母は、私に辛抱を覚えさせるために、習字にしても、漢字の書き取りにしても、忙しい人がそばについて最後までやらせた。そのせいで辛抱ができたなどとは思っていない。辛抱が好きな人間などこの世間にいないはずだ。

年の瀬に愛犬と別離した家人を、私とバカ犬は見守っているが、感情の起伏は出るが、よく辛抱している。私なら他の犬が吠えて来たら蹴飛ばしてしまう。動物愛護なんてのは私の中にはないのかもしれない。

バカ犬も年齢からして、兄貴の犬に順じるとしたら、あと何年なのか。

「あなた、ノボは最期どんなふうになるのかしらね？」

こういうことを私の前で平然と口にできるところが、すでに彼女は冷静ではない。

昨日、バカ犬は外でしていた用足しを、家の中でするようトレーニングを二時間させられたらしい。ところがノボは妙に根性があるからいっさい指導どおりにはしなかったらしい。

その話を家人から聞き、哀れな表情のバカ犬を想像したが、それでいいんだと思う。

犬も辛抱をせねばならぬ。

ましてや、人間は辛抱が、その人の、その後を決めたりする。そう考えると、生きるということはつまらぬことかも知れぬ、と思ったりする。

あの頃のあなたは

銀座を早い時間に切り上げて、お茶の水にある常宿に戻った。

ロビーで、その夜つき合ってくれた編集者のタクシーを待ちながら、テレビのニュースを見た。

天気予報の時間で、私の故郷の山口県にも豪雨が襲うと報道していた。

生家には、母と妹、それに長姉も何かにつけて母を訪ねてくれるから、心配はないのだが、近くで暮らしていないことは、やはり何かにつけて母のことを考える。

電話で様子を訊こうか、と思ったが、すでに夜の十時を過ぎていた。

私が少年の頃、夜の八時を過ぎて家にかかって来る電話は、緊急の用であった。

実際、その時刻に電話が鳴ると、母もお手伝いも眉にシワを寄せた。

——大変なことが起きたのだろうか……。

そのせいか、私は生家に、夜の八時以降に電話を入れることはない。

昨日、家人から連絡があり、私の母の誕生日なので花を送ります、と言われた。

有難いことである。

母は花が好きな人で、私に母屋を出て独りで暮らせと父が命じた時も、母屋から離れた棟のちいさな部屋にいつも花を活けてくれた。まともな花瓶などはなく、牛乳瓶に紫陽花や、野の花を差して置いてくれた。

そこに花の名前が小紙に記されていた。

花屋というものは、街の中心地に一、二軒あるだけの田舎町であった。花は八百屋の店先にバケツのようなものの中に置いてあり、値段もあってないようなものだった。おそらく八百屋に野菜を届けに来た農家の人が栽培をしていたのだろう。

遠い日の母の姿を思い出す時、花を手に持って急ぎ足で家に戻る姿があった。摘んで来た野の花であったろうし、八百屋の軒先の花であったのかもしれない。

母はよく、花に話しかけることがあった。

「まあ、今年もよく咲いて下さって……」

少年の私は、その様子を、不思議なおももちで聞いていた。

私は子供の時、わからないことがあると、それを母に尋ねた。

「死んだら、皆、どこへ行くの？」

とにかく厄介なことを言う少年だった。

父親は、そんな私を避けるところがあった。しかし母は丁寧に応えてくれた。

「それは母さんにもわからないわ。死んでみなきゃわからないことでしょう。でも死んだ人とは話ができないものね。私もあなたも（母は子供の私に丁寧語で接した）そうなった時にわかるんじゃないかしら」

「ふぅ〜ん」

と少年は返答して、遊び場にむかって走り出した。

その母が今年で九十五、六?歳になる。

あやふやに年齢を書いたのは、母はあまり歳を取ったことを好まないからだ。

「母さん、今まで何が一番怖かった？」

弟と二人で訊いた時、母は笑って、

「機関銃で射たれた時かしら……」

私も弟も目を丸くした。

駐留軍の基地へ、父の命で、闇物資を取りに行った時、間違えてMPに声を掛け、訳のわからない英語で叫ばれた。ほどなく母が潜んでいた草叢《くさむら》をMPは小銃で威嚇射撃をしたという。

HELP《ヘルプ》、と父に教えられていた唯一の英語を叫んで、連行されたと言う。

「今まで一番嬉しかったことは？」

尋常小学校へ通っていた時、算盤が苦手だった母は、ひと夏、猛勉強をして算盤を覚えたと言う。秋が来て、学校がはじまり、先生に言われて算盤の問題と、実算を見せた時、先生が、教室の皆の前で言った。

「容子さんはよく勉強をした。皆で誉めてあげよう」

生徒たちが拍手をした。

「母さんね。なんだか恥かしくて、嬉しかったんだけど、その時の教室に差し込む光の加減や、黒板の色を今でも覚えてるの。あれが一番嬉しかったことかしら」

私と弟は顔を見合わせて笑った。

誰にでも、若く、みずみずしく、まぶしい時代がある。人が生きることは、そういうくり返しがあることのように思う。
それ以上に哀しみがあるのが、人が生きるということだろう。
——ひどい雨が降らなければいいが……。
そんなことを思いながら、銀座の遊び人は休んだ夜だった。誕生日おめでとう。

許すよ

甥っ子二人が病室にやって来ると仙台の家人から連絡が入った。

「何をしに来るんですか？」

「そりゃお見舞いでしょう」

「見舞いはすべて断ると言ってたが……」

「親戚だもの。いいでしょう。十一時半です」

――何だ、昼食を食べに来るのか。

二人が病室に来るので着換えた。

ドアを開け、顔を見るなり言った。

「あれっ、二日前に手術で、もうそれ？」

着換えて出かける準備の私に言った。

「たいした手術じゃない。鮨でいいか？」

「いやボクたちそんなつもりじゃ」

——嘘つけ！

神楽坂を並んで歩く。二人とも私より身長が伸びている。１８０㎝はゆうにある。チビッ子だった少年の姿が懐かしい。家人の妹の年子の息子だ。もう二十六、七歳になったのか。先日、兄貴の方が結婚式を挙げ、父親がいないので出席させられた。

兄貴がドリブルするサッカーボールを半ベソで追いかけていた弟が、中学を卒業する時にはＪリーグの養成チームに入り、プロの選手になった。兄貴の方かと思っていたら、おかしなもんだった。

兄貴は高校を出て留学を望んだ。私は反対だった。私たちの時代、アメリカに留学へ行く輩の大半が、大学受験をパスする能力がなく、親に頼んで留学し、碌に英語も話せず帰国した。〝大学はアメリカへ〟はバカの代名詞だった。実際どうしようもないのが多かった。私の反対を知り、彼は一人で逢いに来て、懸命に勉強すると申し出た。

顔を見て、信じることにした。

「君の学費、滞在費は皆で出していることを決して忘れないように。毎年、その年の成績を送って来るように。全校で三位以内でなければすぐ帰国させる。君の何倍も苦労している若者は多勢いるんだからな」

そう言った夜、外で待ってた弟と三人で仙台の家の回りを散歩した。数ヵ月前に両親が別離し、義妹が育てていた。二人に話をした。

「いいかね。別れても父親は父親だ。それを決して忘れるんじゃない。将来、あの人に助けが必要な時は黙って手を差しのべろ。それが父と子というものだ。今はわからずともやがてわかるから。忘れるなよ」

二人はうなずいた。

兄貴は頑張って、首席に近い成績で卒業し、日本の外資系の広告代理店に就職した。人知れず踏ん張ったのだろう。当たり前だ。皆が仕送りをしたのだから。

弟はJリーグを長期の怪我で退《や》めた。今は俳優を目指してアルバイトしながらスクールに通っている（バカだね。演技は算数か）。親友のTに預けたら、少し金もくれている。甘やかしちゃ困まるんだが……。

「おや、手術、入院と聞いてましたが」

神楽坂の寿司Kの親方が言う。

「昔の話をしなさんな」

鮨を茶と水で流し込むのは大変だった。

病室に戻りテレビを見ていたら、北海道で行方不明だった少年が見つかり、父親にむかって〝許すよ〟と言ったという。育ての親にそんな口のきき方が許されるのか。置き去りではなく躾だったのだろう。訳がわからない。

舛添東京都知事が第三者の弁護士と会見していた。

「チャイナ服は書の筆がスムーズになるためで、墨の汚れもたしかに付いていた」

これが元検事の見解として、堂々と人前で発言できると信じたのか。当人がそう説明したのだろうが、常軌を逸している。そんな言い訳が大人に通用しないと思わなかったのか。

別荘売却、減俸とは何だ？　真相とはまったく無関係なことを……。

それにしてもテレビから出た政治家はどうしてこうも愚かなのだろうか。胆《たん》がない。

胆さえ備わっていれば、詫びるべき所は詫び、都民にむかって、仕事を頑張ると真剣に訴えれば、その目、表情で伝わるのだが。

副鼻腔炎の手術だった。五十年近くかかえていた。薬でどうにかなったが、良い医師と出逢った。ふたつめの病院だった。

「先生、ここでもCTスキャンを？」

「いや行かれた病院からデータを貰いましょう。CTは放射線を浴びることですから」

その一言で執刀をお願いした。

Y木先生のお蔭で、小説も、ギャンブルも、ゴルフも詰まり気味だったものがすべて風通し良くなるのではと思っている。

「リーチ一発、ベストセラー、イーグル、自摸《ツモ》です。これって何万点だ？」

な訳ないだろう。やはり頭の方も診てもらうべきだったかもしれない。

許さない

なんとも奇妙な騒動だった。

舛添東京都知事が辞職するまでのマスコミの報道と都議会の対応である。

事件と書かないのは、犯罪にまでおよぶ問題にいたらなかったからだが、たしかに罪人にはならなかったが、この人は、それ以上の汚点を全身に浴びた。しかし当人はそうは思っていないだろう。それは辞職表明の言葉でわかる。これが今の日本の政治家の大半の認識能力であり、大衆の感情を計れない甘さなのだろう。

私はたまたま入院していて、騒動の発端からテレビ報道を見ていた。

贈賄《ぞうわい》、収賄《しゅうわい》と言った、政治家におけるこれまでの事件とは、まるで違っていた。

海外出張費の使い過ぎ、公用車を私用に使ったのではないか、と言う、どの政治家にも起

こり得て、政治生命にいたるような問題ではなかった。さらに言えば、これまでの東京都知事が、当然のごとく慣行して来たものである。当人もそう思っていた。

だから堂々と言ったのである。

「(東京都知事である) 私が二流ホテルに泊まれますか」

聞けば、たしかに理はある。

続いて、公用車で湯河原の別荘へ帰宅した件を尋ねられた。これも堂々と答えた。

「(公用車の使い方は) まったく問題ありません」

それでも公用車で湯河原までは、とくいさがる記者たちに対して、くり返した。

「まったく問題はありません。(君たち何を言っとるんだね、私は東京都知事だよ。その私が帰宅するのに公用車を使ったんだから) まったく問題はありません」

これもたしかに理はある。

ただここで、迂闊《うかつ》と言うか、当人が気付いていない問題があった。

記者、すなわちマスコミが大衆の代弁者として持っている感情である (しかしこれは勝手にマスコミが持っていると自負しているのだが)。

——まったく問題がない？　そう言い切れんでしょうが、都民の税金での出張費、公用車でしょうが……。

声を荒げたくなる感情を、逆撫《さかな》でした。

勿論、当人は気付かない。

なぜ気付かなかったか。それはこの人の、人柄を、政治家としての能力を善《よ》しとして、支持する者がほとんどいなかったからである。

そのような力添えがなくとも立派にこの仕事をやり抜いた政治家は何人もいる。ただそういう人は歳月と合わせて応援する人と力が増した人である。

私が不思議に思ったのは、騒動がはじまった時点で、テレビのコメンテーターの誰一人として、能力のある人だから、無駄使いは反省して、公私をしっかり分けて仕事をして貰えばいいんですよ。そうでしょう、舛添さん、と救いの手、支持する人がいなかったことだ。

当人以外の全マスコミが、アンチ舛添の旗を振りはじめた。

それでもまだ続投の可能性は十分あった。

ところが根掘り葉掘り、知事以前の政治資金の使途までが表に出た時、この人は第三者にそれを精査させると言ってのけた。

ネズミが開けた穴からすでに決壊がはじまっている堤防の上を、まだ歩けると当人一人が信じていた。

あとは詭弁の積み重ねである。嘘を隠すための嘘は、マスコミだけではなく大衆が一番鋭敏に察知する。

セコイ、ゲスだ、なる日本語を大東京の知事に対して街を行くオバサンまでが使った。失地回復、どうにかしなくてはと当人は必死になったが、日本人の大半が、姅添＝どうしようもない人、とレッテルを貼った。

見渡す限りの人が、どうしようもない人と決めつけたものが、どうにかなるはずがない。法を犯してない、ということよりも、どうしようもない奴だ、許せない、と言う感情が、法を越えた。

世論の怖さである。正確に言えば、世論の根にある感情が法律以上の力で裁いてしまった。世論の根が感情なら、政治を左右するのも感情と言える。感情はいつも正しいか？　正しかった例はわずかである。日本を前の戦争に導いたのは軍部だけではない。世論である。神国日本（不敗の国家）と日本人の大半が平然と言った。

この騒動で何がわかったか？　それはまともな人材がいないことだ。そのことは都知事選の立候補者を見れば歴然とするだろう。私たち大人と、国が、人を育てねばならない。

可哀想なことをした……

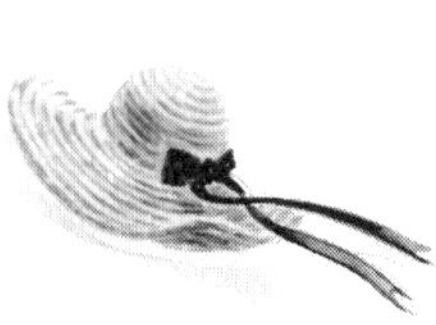

バタバタと参議院選挙と東京都知事選挙が終ると、梅雨明けが本格化して、一気に東京の空の色と、流れる熱風が夏の盛りのそれになった。

昼間はとてもじゃないが、暑くて仕事にならない。私はクーラーを使わない。別に痩せ我慢をしているわけではない。クーラーに当たっていると体調がおかしくなる。夏に車、電車などでうたた寝していると風邪を引く時もしばしばある。体力も昔と違うが、体質なのだろう。

東京の常宿では、メッセージを部屋に持って来たベルボーイに訊く。

「この部屋のドアを開けると熱気を感じるかね」

「は、はい」

「どのくらい感じるのかね？」

「か、かなりです」

それで、夕刻、部屋を出る時、クーラーのスイッチを入れて出る。何のために？　部屋の掃除の女の子が汗吹き出して働かれたらかなわない。

——伊集院さんってアフリカ生まれかしら？

言いかねない。

このホテルを利用しはじめて二十年近くになる。従業員で叱らなかったのはバーテンダーくらいだ。

あとはコックにまで叱りつけた。プロの仕事と思えない時がある。それでも長い間居るのは良い処も多々あるし、若い従業員がけなげに働く姿を見ているからだ。

熱中夜を心配して、家人が仙台から扇風機を送ってくれた。死なれては困るのだろう。

こっちだって今は困まる。

扇風機はドア付近に置かれ、直接、風は当たらないのだが、先日、酔って帰って寝たら、プロペラ機に乗って、真っ逆さまに下降する夢で目覚め、扇風機を止めた。

夢はほとんど見ることはないが、睡眠中に耳元やら、身体を触れられたりすると、その音やら、感触と因果関係のある夢を見ると何かで読んだことがある。

一度、東北一のバカ犬が寝所の隅から、枕元まで近づき、就寝中の私の耳元で大イビキを掻き、驚いて目覚めたことがあった。


少し前の話だが。

ホテルの私の部屋には、二年周期くらいでちいさなクモがあらわれる。私はこのクモが好きで、万次郎と名前を付け、数晩、一緒に過ごしたことがある。そいつが（たぶん孫だろうが）今春、あらわれた。

「おう元気か。ひさしぶりだナ」

クモでも、仙台のスズメでも、山口の生家のツバメでも、生きものがそばに来るのは嬉しいものだ。

先日、夜半に酔って戻ると、脱いだ靴下のそばに割と大きい靴下の毛玉が床に落ちていた。

――この毛玉とずっと飲んでたんだ……。

すると毛玉が十センチ横に動いた。

――そんなに飲んだかな……。

それで手にした靴下の一足を投げると、毛玉が靴下のむこうに素早く隠れた。

――もしかしてG君か？

立ち上がって靴を取ると、私の仕事場の方へ猛スピードで逃げた。やはりGだ。それもかなり大きい。この部屋で初めて見た。今、ホテルは大工事中だから、外から闖入《ちんにゅう》したのかもしれない。二十年居なかったのだから清潔なホテルだったということだ（気を使うでしょう。なら書かなきゃいいだろうが）。

翌夕、出かける時、掃除の女の子たちに、

「Gが一匹いる。それも大きい。けど殺さずに外へ出してくれると有難い」

と告げたが、女の子は怖そうな顔をした。

結果、Gは部屋の隅で死んでいたらしい。

――可哀相なことをした。あいつの子かも。
七、八年前になるが、仙台の家でGが出現し、大騒動になり、飛んで逃亡するGを家人とお手伝いが大捕物をしていた。
そのGは必死の飛行をし、なんと私の仕事場の、原稿用紙の上に着陸した。肩で息をしていた。私の方をじっと見ていた。

「旦那、助けて下さいまし」

「……拙者がどうすると思われるや」

その時、半狂乱の形相をした家人とお手伝いがスプレーを手に仕事場に入って来た。

「あなたGが来なかった。こんな大きい」

私は咄嗟に原稿用紙をGの上に置いた。

「いや、怪しいものは見ておりませぬが」

しばらくして用紙を取るとGは消えていた。

だからあいつの子供が、その時のお礼にやって来たのではと思った。

——可哀相なことをした。

どこかで逢ったら

迷走台風とでも呼ぶのか、先日、太平洋に停滞し、最後に東日本を通り抜けた台風10号はさまざまな所に被害を与えた。

その台風の中、私は珍しく東京での、常宿であるホテルから、近くのホテルに移動し、仕事をした。

常宿は、この数ヵ月あちこちを工事中だった。人間の身体で言うと、いろんな部位にガタが来ているのだろう。

全館の宿泊の部屋を四、五日出て行くように言われた。

私は子供の頃、母から〝呑気な父さん〟と呼ばれるほど、何をするのもぎりぎりまで行動しないところがある。

今日の午後から出なくては、という時に近くのホテルを探した。

水道橋駅の近くに、〝庭のあるホテル〟と名称のあるちいさなホテルがあったので、部屋を見に行った。訪ねるとフロントにチェックアウトの外国人客が二十組くらい並んでいた。

――ほう、外国人が好むホテルか。

見ると、彼等の旅行バッグは皆簡便性の高いもので、高価なバッグで旅をしているゲストはいない。

実質を重んじる旅行客である。彼等の宿泊施設に対する情報は正確で、一に値段が廉価。二に設備が整っているか（バスルーム、インターネット、ベッド、清掃、そして何より日本を訪れる外国人にとって地震の耐久性がある）。三がホテルの場所（旅行目的に合う立地条件か）。……などである。

旅行において、一番費用がかかるのは、〝顎足〟である。足とは旅費、交通費で、顎とは、顎を動かす、つまり食事代である。

「伊集院さん、ちょいと金沢まで行って美味い物を食べて、ゴルフでもどうですか？　いえね、むこうに私の昔からの知り合いが居て、あなたの話を少し聞かせてもらえたら、〝顎足付き〟にしましょうと言うんでね」

この〝顎足付き〟が、交通費、食事代がむこう持ちという昔からの言い方である。別の言い方では〝駕籠《かご》、膳持ち〟とも言う。

チェックインして宿泊約款を見ると、〝当ホテルの地下に免震装置があり、通常の建物の4分の1から5分の1に揺れを低減します〟と書いてあった。

——ああ、これだな。

と言うのは、ホテルを変わったと仙台に連絡すると、真っ先に言われた。

「地震グッズのリュックサックを持って行ってますよね」

その言葉で、家人は私が上京している時は東京での地震のことをずっと心配していることがあらためてわかった。

「勿論、持って来ました（忘れたんだが）」

耐震構造が大きな地震に対してどれほどの効果があるのかは誰にもわからない。しかしないよりある方がイイに決っている。阪神・淡路大震災の折、古いホテルは皆ペチャンコになった。そういう建築だったのだ。

マグニチュード7、8クラスだと東京の古い宿は大半がやられる。

当《うち》は大丈夫です。そんな訳がない。

それでも耐震の効果はわからない。延焼もそうだ。これはミサイルを撃ち落とすという迎撃ミサイルもそうである。あのマッチ箱を乗せて空にむかってミサイルを撃つ兵器だが、あんなもの誰も、どこでも、実戦で使ったことなど一度もないのだから、不意に発射されたミサイルを落すなんてことはまずできるはずがない。武器というものは、昔から机上の空論が大半で、実にバカバカしいものに人費が使われ、現代も同様で、まずミサイルを撃ち落とすことはできない。少し考えれば、それが常識なのはわかる。

北朝鮮がなぜあれほどミサイル開発をし、潜水艦を増やすか？　自信があるのである。ヒトラーと同じである。

戦争がなかった人類の歴史はない。

第二次大戦の後半、軍人の中でも銃弾をくぐり抜け、人を撃った者はほとんどいなかったし、ましてや首相は況《いわ》んやだった。イギリスのチャーチル、アメリカのケネディーが最後だった。戦争は皆実体を知らないのだ。

迷走台風の上陸日が、月に一度のゴルフの日で、最後まで天気予報を睨んであきらめた。するとその朝、雨も降らない。被害に遭った人も多いから文句は言わぬが、それにしてもワイドショーの気象予報士、あの態度とおちゃらけた面《つら》が許せない。どこかで逢ったら蹴とばしてやりたくなる。

庭のあるホテルは従業員も皆若く、明るく元気に働いていた、感じがとても良かった。

台風や大雨の中にいると、私も、バカ犬も普段より眠くなるのは、どうしてだろうか。

大人の男

その日の午後、仙台の家の近くにある治療院へ出かけようと表に出ると、白いものが舞い降りて来た。

初雪である。

日本語で、珍しいことが起こると、雪でも降るんじゃないのか、と表現する。

その日、午前中から、仕事の合い間にアメリカ大統領選の開票速報を見ていた。

降り出した雪を車の助手席で見ていたら、ラジオのニュースが、トランプが大統領に選ばれたと報じた。

雪でも降るの、ではなく、雪が本当に降っているのを見て、アメリカ国民の不満、不安は、ここまで来ていたのか、と思った。

同じことが、イギリスでもあった。ＥＵからの離脱である。このふたつの選挙はとてもよく似ている。何が似ていたのか？　マスコミの予測があっさり覆《くつがえ》されたことだ。予測が覆されたと書けば、マスコミの予測に信頼性があるように聞こえるが、そうではない。アメリカの大統領選で言えば、一億一千万人を越える票の過半数を、マスコミは予測できなかった。あり得ないことだ。

日本を含めた、全世界のマスコミが、まったく無能と言うしかない。

イギリスのＥＵ離脱の時も、まずＥＵに残ることを希望するイギリス国民の方が多いだろうと、当のイギリスのマスコミも、世界中の主たる報道機関も予測していた。

挙げ句、結果を見て、人々はこう言った。

「グレートブリテン（大英帝国）の復活を望む大勢のイギリス人がいたんだな……」

今回、トランプの勝利にも、同じようなことを皆が言い出すのだろう。勿論、選挙前からトランプの主張は、強いアメリカ、偉大なアメリカを取り戻すのだ、が軸でもあった。日本のマスコミは、今朝方までクリントンの勝利を予測し、そう語る解説者がテレビに並んだ。ＣＮＮもそうである。

なぜそうなるのか？　それはマスコミが、自分たちで望ましい結論を先に想定し、その方向に報道のカタチをこしらえるからである。

この選挙結果を日本のマスコミは一様に驚いたように報じている。

ＮＨＫの報道などは、一度も政治家としての経験がない、を強調するのはわかるが、一度も軍人の経験がない、と何度もくり返していた。なぜ軍人の経験が必要なのか。ニュースのプロデューサーは頭がおかしくなったのか？　と思ったほどだ。

夕方、七時になると、今度は〝アメリカメディアが驚く番狂わせ〟とタイトルした。

一億一千万人の過半数の国民の意志をアメリカのメディアは予測できなかったのか？　なら彼等は無能であったとしか思えない。

国民の意志と書いたが、私に言わせると、国民の意志は、国民の感情でもある。歴史の中で政治というものがイデオロギーだけで決定されたことはほとんどない。むしろ大半は感情が決定するものである。

至近な例で言うと、先頃の東京都知事選挙がそうである。

アメリカは彼が大統領に就任するまで混迷、混乱を続けるだろう。

日本はすでに混乱がはじまっている。ＴＰＰもそうだが、駐日米軍、日米貿易……、何しろ日本が核保有をしていいとまで言ってのけた大統領である。

勝利宣言のスピーチで、あれほど提督（軍人）の名前を挙げたアメリカ大統領は、この五十年間いなかった。

私はトランプが良くないと言っているのではない。アメリカ人が自国の舵取りに選んだ船長なのだから、船がどの方向にむかい、どんな状況の海に乗り出すかは、彼等が委ねたことである。国家という船は、客船ではないのだから。

新しい大統領と日本が上手くやっていけるか？　そんなことを今から心配してもしようがないことで、なるようにさせるのが外交である。

別にトランプ氏のことを言っているのではないが、このところ、この人はと思える日本の政治家がいない。与野党ともにだ。

大人の男に対して、つまんない男と笑って口にした女性が第一野党のトップなのだから、品のある日本語で党首討論などできるはずがない。政治家以前の問題である。

仙台で治療院へ出かけたのは、数日前、くしゃみをしたら肋骨にヒビが入ったからだ。風邪も引いたままだ。ヤワな身体になったものだ。

そう言えば、アメリカがくしゃみをすれば日本が風邪を引くと言う表現が、かつてあったのを思い出した。

第四章
去りゆくもの

過《あやま》ち

お兄チャンの犬が、この夏を乗り切れるかが、我が家の心配事である。

アイス（彼の名前）は鼻の気道が狭く、喉の奥もくっつき易い。何かの拍子に喉を詰らせ大騒ぎになる。家人は首や腹を叩き、アイス、大丈夫、大丈夫、と大声を出す。当人も目を剝いて必死である。処置が上手く行き、アイスが胸を撫で下ろし深呼吸する。

私はその時のアイスの表情を見て、犬も、――ボク死ぬかと思ったよ……。という顔をするんだ、と思った。

アイスの親友のラルクも膵炎が見つかり入退院をくり返している。二匹が散歩の後、庭先でじっと紫陽花の花盛りを眺めているうしろ姿を見ると、

――お互い、このところ大変だね。

と話し合っているふうに見える。その横でノボが垣根越しに隣家の木を手入れしている老人にむかって、ウーッと威嚇《いかく》している。バカだね、ありゃ、いつもの植木屋だろう、いい加減覚えないと……。

アイスの夏乗り切り作戦で、我が家に酸素室が入った。

――ホウー、本格的だね。ヤルネ……。

家人は犬のことになるとやることが早い。

すでに犬の火葬場と墓所の見学を終えている。

家の中に酸素室が入ったことを、納得していいのか、いけないのか、ノボと大きなガラス箱を見つめていると、お手伝いTチャンが、

「これって業者の人が言ってましたけど、二日酔いの時、首を入れてたら一時間くらいでスッキリするそうですよ」

私とノボはTチャンを振り返って見た。

――本当かよ。

「嘘じゃありません。そう言ってました」

家人とTチャンが二匹と病院に出かけた。

私は首を突っ込み、ノボも入って来た。

どういうわけか、どっちも眠った。

怒鳴り声で目覚めた。

「あんたたち何やってんのよ。それはアイスのためにレンタルしたもんでしょうが」

頭を掻き掻き、庭へ出ると、すでにノボは出ていて伸びをしている。

――おまえ、逃げ足速いネ。バカか、利巧かわからねぇナ。まったく。

家人は、時々、機嫌が悪いことがある（普段は九割方、笑ったり、楽しそうだが）。

今回の不機嫌は、石田純一だった。

スポーツ紙の一面を見せて言う。

「もう信じられない。この人が都知事候補だなんて、マスコミも、民進党も何考えてんの。当人も意欲を示してるって、いい加減にして欲しいわ」

「どれどれ、ホウー、でもジョークだろう」

「だとしたら悪過ぎる冗談だわ」

家人は仕事（女優）を引退して、社会、政治、経済などをよく学んだようだ。

「イスラム原理主義って何なんですか」

「東芝の不正会計ってどういうことですか」

執筆の合い間になるたけ解り易く、説明するのだが、果してあの説明で良かったかと思うことが多い。世界で起っていることは一見、複雑に見える。それは日本のマスコミがよくわかっていないからだ。

新聞を読み過ぎるな、と私は家人に言う。

「どうしてですか？」

「半分以上間違いの記事がある。この先もっと多くなる」

過去の誤ちなら、広島、長崎に原爆が投下された日の朝刊を見れば一目瞭然である。


プロゴルファーの松山英樹君が、リオのオリンピックの出場を辞退した。

当然の判断だと思う。ジカ熱。ジカウイルス感染症は２０１５年の段階でウイルスによる小頭症の疑いが２４００例あり、乳児29人が死亡している。２０１６年、リオデジャネイロでの急増が報じられ、世界保健機関が乳児の小頭症とともに調査し、感染経路の根絶を要求したが、ブラジルの動きの緩慢もあり、その後コロンビアで３人が死亡した。アメリカ人の発症者が目立ち、今もアメリカのニュースではこの感染症の脅威を報道する。松山はそれを見たのだろう。

蚊によって感染する。感染者との性交渉でも発症する。オリンピックの他の競技は室内もしくは衛生状態が良い競技場で戦う。ところがゴルフは蚊の住いのど真ん中でプレーする。結婚して我が子に症状が出たらどうしようもない。辞退は当然である。

オリンピックは金にならないから、と発言したゴルフ評論家（とても見えないが）がいた。どこにでもバカはいる。

家人の物事の見方は、比較的まともだと私は思っている。まともとは、まともと、そうじゃない人、事柄の判断の大半が合っていることだ。

酸素室を置く適当な場所がなく、私の寝室の隅にある。夜、休んでいる時、あれは実は私のためではと、余命を考えてしまった。

夢を見ていたのか

私の日々の暮らしには、そう切ないことは起きないのだが、仙台に居て、上京する際に、東北一のバカ犬が、私が出かけることに気付き、そわそわしはじめるのは少々辛い。

――もしかして、今日、出かけるのか？

と察知すると私からいっときも離れない。

私の方は素知らぬ顔を敢えてしているのだが、犬の方は居ても立ってもいられぬというふうで、落着きがなくなる。

鞄に文房具やらを詰めはじめると、もうイケナイ。

「ノボ、そういちいち騒ぐな。すぐ戻って来るから」

と言ってきかせても、納得などしない。

迎えのタクシーが到着し、私が着換え、玄関を出る段になると、そこでノボはがらりと態度を変える。

家人にかかえられ、タクシーのドアまで来るのだが、まったく私を無視し、じゃあな、と頬を撫でようが、まったく無反応になり、あれほど注視していた私の顔をまったく見なくなる。

お兄ちゃんも、家人もお手伝いさんも、私を見て手を振るなり、尾を振るのだが、バカ犬だけが、あさっての方を見つめ、ガンとして目をむけない。

それしか彼にはやりようがないのだろうが、その精一杯の抵抗は何度見ても胸のどこかが痛くなる。

タクシーが走り出すと、今しがたのバカ犬の表情がよみがえり、

——なぜ上京せにゃならんのか！

と腹立たしくなることがある。

バカ犬は家に入ると、私が不在になった家の隅で、庭の方を見やって遠吠えをはじめるらしい。

夕刻まで、何度か遠吠えをくり返し、最後に家人に新聞紙をテープで巻き棒状にしたもの

で後頭部をバーンと音が出るほどぶたれて、

「いい加減にしなさい」

と怒鳴られて終るらしい。

彼なりの主張なのだろう。

今回は、私が居なくなった翌朝から、朝食を拒否したらしい。

「いいわよ。食べたくないなら。お腹が空くのはあなたなんだから」

と家人に言われても、
フン、喰ってたまるか、と言う態度をしたと言う。

そのことを二日目に家人が報せて来た。

「あの子、今、不良をしてるの」

「何のことだ？」

「朝食を、喰ってたまるかって顔をして食べないのよ。あなたが出て行ったことにまだ腹を立ててるの」

「本当か、大丈夫なのか」

「大丈夫、そのうちペロリと食べはじめるに決ってるから」

「そうか……」

バカ犬が言葉を理解できるなら、電話にかわってもらい、

「オイ、皆に心配をかけるな。すぐ戻るし」

と話してやるのだが、そうもいかない。

四日目にペロリと食べたらしい。

何が食べるにいたる原因かは、当人でしかわからぬが、不良をするのもたまにはよかろう。

お兄ちゃんは何とか頑張っているが、私としては早く暑い夏が終って欲しい。

春から初夏にかけて、スズメが風呂場の外の換気扇の上部に巣をこしらえた。二度にわたって仔をなし、巣立ちした。スズメの夫婦が懸命に巣作りし、卵を産み、卵をかえし、仔育てのために餌を運び続ける姿は微笑ましいと言うより、一生懸命な姿に感動すらしてしまう。

それにしても仔スズメはよく鳴く。風呂に入っていてやかましいほどだが、換気扇を回せないので、減量にはいい初夏だった。

夜半、私が仕事を終え、寝所で本など読んでいると、片隅で寝ているバカ犬が、突然、吠えたり、前足を必死で動かしたりする。

夢を見ているのだろうが、あまり激しいと、私はノボのそばに行き、頭をパカンと叩いてやる。

驚いて目を覚まし、周囲を見回し、私がいるのに気付いて、寝てたのか、と言う顔をした後で、もしかして頭を叩いた？　と疑わしい顔をする。

「何だ、その目は。心配して起こしてやったのに……」

私が言うと、静かにしてくれという顔で寝返りを打ち背をむける。

何のことはないのだが、犬との時間はそう悪いものではない。

〝愛してる〟は言わない

昔の遊び友だちの大半は遠い所へ行って、先日のお盆にも帰る気配がない。

もしかして間違って、天国にでも連れて行かれたんじゃないかと思わなくもないが（なわけないか）、遊び人たちだからまず上ではなく、下のはずだが、そっちでずいぶんと苛酷なことをさせられているのかもしれない。

地獄にも年季明けはあるのかしら？

私は、或る時から、決っしてこの言葉は使わないと決めた言葉がいくつかある。

たとえば、〝愛してる〟。これはおそらく今まで他人に（自分にもだが、気持ち悪いか）使ったことがない。

〝助けてくれ〟もそうである。

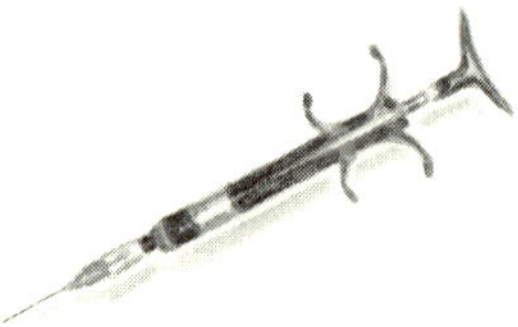

〝助けてやってくれませんか〟は使ったことがあるが、それは人間に対してではない。「いい奴ですし、助けてやってくれませんか……」と頼んだが、相手は聞いてくれなかった。それが私に長く無神論を支持させたのではないが、少しは影響している。

〝痛い〟もほとんど言わない。

なのでふたつを連結させて、

「痛い、痛い、助けてくれ」

などと言う言葉は、よほどのガキの頃しかおそらくないだろう。

歯医者も、今も抜歯くらいなら麻酔なしでやってもらう。

「なぜですか？　痛くないのですか」

そりゃ痛いに決ってるが、ガキの頃、父が私の歯を見て怒り出し、歯医者へ行けと命じて、父は先に医者に電話を入れていた。

「君ね。お父さんが麻酔なしで抜いてくれと言ってるんだが、いいのかね」

父の考えはわかる。痛い思いをすれば、歯をちゃんと磨き、甘いもんを夜中に食べないだろうと。

「かまいません。抜いて下さい」

三本の虫歯を抜いて口をゆすいだ。

「痛かったろう。これからは朝晩歯をよく磨くことだね。これ痛み止め」

「いりません」

歯医者を出て、私はまだ血の混じった唾をその玄関に思い切り吐き出した。

「覚えてやがれ、この藪医者。それにあのクソオヤジもだ」

と捨てぜりふを言って歩き出した。

しかしその使用しない言葉をいつか大声で思いっ切り言い続けてやろうと思っている。

「いつ、どこでですか?」

地獄に堕ちた折である。針の山でも、火炙《ひあぶ》り地獄でも、どこでだって大声で使ってやる。鬼たちが五月蠅《うるさ》いから出て行ってくれ、と言い出すほどにだ。しかしそれが目的ではない。それで天国へ行こうなどという魂胆などさらさらない。

よく生まれかわる、と考える人がいるが、私は自分が経験したり、遭遇してきたことを二度としたくないし、宇宙の塵にでもなってずっと流されていた方がいい。

東北一のバカ犬が、一度、ウイルスでダウンし、病院へ連れて行くと、一日入院しろと獣医に言われ、バカ犬は訳がわからず、家人と別れる時も、ワン、ワン(俺も帰るぞ)と吠えていたそうだ。

「大丈夫か？」

「大丈夫でしょう。病院のケージだし」

翌朝、看護婦から電話が来た。

「ノボ君、元気そうですし、引き取りに来ていただけませんか」

「何かしましたでしょうか」

「…………」

病院で言われた。

「ずっと一晩中吠えっ放しで、他の入院している犬が一睡もできない状態でした」

バカ犬は身体はちいさいが、鳴き声は大型犬のように野太く、よく響き渡る声量をなさっとる。家人からの電話で事情を聞き、吹き出してしまった。

我が家の玄関にあらわれたバカ犬はひどく不機嫌だった。

「やるな、オマエ、根性あるじゃないか」

「グッァン、グッァン〜」

「おまえ、声がおかしくないか」

「吠え過ぎて、声が嗄《か》れたのよ」

「ハッハハ、わしも野球の時にあったな」


お盆の初めにお参りをして、昔の遊び友だちの顔を浮かべながら、

「おまえたち成仏してるのか」

と訊いたが、勿論、返答はない。

「行くところがなけりゃ、私の家に来てもいいが、家人や犬をからかうなよ」

盆の最中、彼等は来なかったが、かわりに地震が何度か来た。

テレビはオリンピックばかりで、

「何が、こんなもん面白いんだ？」

とバカ犬とずっと競輪を見ていた。

遠い日のこと

犬が庭先や、連れて行った海辺で、どこか遠くを見るような目をして、じっとたたずんでいる姿を見るのが好きである。

――何を見ているのだろうか……。

はっきりした対象がある時には、鼻の先、耳、しっ尾が動くのだが、そんな気配はなく、ただじっと遠くを見つめている。

――何かを考えているのだろうか。

見ていて、オーバーに言えば、哲学的であるようにさえ映る。

我が家の、東北一のバカ犬は、仔犬の頃から、そんなふうにしていることが多かった。

今でも仕事場の窓から、彼のそんな姿を見かけると、私は筆を止めて、その様子を見てし

まう。そうして、彼が何を考えているのだろうかと想像してみたりする。

――遠い日の母との時間か。

バカ犬は母親（母犬か）と過ごした時間はわずかなはずだ。すぐにショップに連れて行かれ、やがて飼い主になる家人に出逢うまで、他の犬たちがどんどん飼い主と出逢い、抱擁されて、スィートホームに旅発《たびだ》ったのに、彼は、最後までショップで売れ残っていた。

一匹目の犬が、我が家にやって来て、そのあいくるしさゆえか、家人はまるで我が子のように可愛《かわ》いがり、世話をはじめた。見ていて異様と思えるほどの接し方だった。

――これでは、この犬に何かがあった時、大変なことになる。

と思って、

「すぐにもう一匹飼いなさい」

「どうしてですか」

理由は言わなかったが、私にしては珍しく家人に言明した。

ところが、一匹目の犬がハンサムだったので、次の犬がなかなか見つからなかった。私は仕事で二ヵ月間、海外へ行き、電話で、犬は見つかったかを訊いた。

「それが居ないのよ」

一ヵ月後に、家人が言った。

「一四、気になる犬がいるの。変な顔をしてるんだけど、何かある気がするの。それに……」

「それに何ですか？」

「その犬だけが、ずっと売れ残ってるの。もう二ヵ月近いかな……」

「その犬にしなさい。その犬を必ず家に連れて来て下さい」

私は勝手に、夜中のペットショップで、ひとりぽつんとしている仔犬の姿を想像した。

帰国が待ち遠しかった。

我が家で、最初に見た時、笑ってしまった。体毛はちぢれて、目には獰猛さが残っていて、食べ物への執着心が異様に強く、お兄ちゃんの犬の餌にまで突進して行った。家の中での犬の順位を教え込むのに、家人は、毎日、彼を叱っていた。

一度、家人の居ない時にドッグフードを一個、鼻の先に差し出すと、いきなり嚙みつかれ、私の親指の腹からたちまち鮮血が出た。

――これは凄い。

その上、運動神経が半端ではなかった。性格が勝ち気で、兄チャンと一緒の散歩に出ても、大型犬にむかって牙を剝いた。

近所の子供がサッカーをしていると、ボールにむかって突進し、それをいったん取ると子供にむかって牙を剝いた。

「チビのくせに、怖い奴だな」

雨に濡れた時など、子供たちから、

「このチビ何だ？　ショボショボじゃないか」

半年目にパルボウィルスに感染し、体重の半分以上の血を吐き、医者からも、覚悟するように言われた。ところがバカ犬はそこから踏ん張り、やがて生還した。

――よく生き残ったものだ……。

そのバカ犬が、少し足元がおぼつかなくなり、そのせいでもないが、庭先でひとり、じっと遠くを見ていることが多くなった。

――何を考えているのだろうか。

遠い日、母犬のそばで、乳を吸い、舐めてもらっていた頃のことだろうか。

お兄ちゃんの方が、夏が越せるかどうかで、大変な二ヵ月だった。酸素室に入っているお兄ちゃんのそばにバカ犬はじっとしていた。やさしいのである。

秋のはじめ、バカ犬の歩き方が以前と違うのに気付いた。

——歳を取ったのだ。

犬は人間の六倍の速さで、生きる運命の生きものである。

ノボ（バカ犬の名前）のことを語れば、本一冊分の思い出はあるが、私はやはり、じっとどこかを見ている彼の姿が好きである。

彼がもし話ができたら、自分を見つけてくれた家人と弟を見守ってくれたお兄ちゃんに、ありがとうを言うのだろうか。

大丈夫か

夜明け方、グラッと揺れがきた。

目覚めて、揺れの様子を見ていた。かなり揺れている。一度の大きな揺れの数秒後、もう一度揺れが来た。

――この揺れは危ないかもしれない。

と起き出して、東京の常宿の仕事机のそばにある家人が揃えてくれた地震の備えの入ったリュックサックを手にした。

パジャマではあるが、靴を履いた。

その頃には、揺れがおさまった。

それでもしばらく様子を見た。

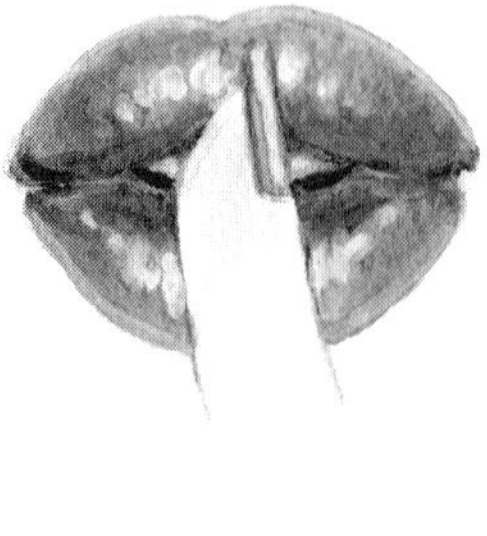

地震には、いろんなパターンがあることを二〇一一年の三月十一日以来、学んでいたからである。

幸い、揺れは、それでおさまった。

テレビを点け、震源地を確認した。

やはり東北であった。

すぐに家人に連絡を入れた。

「大丈夫か？」

「はい、大丈夫ですが、すぐに動けなくて……」

と家人にしては珍しい言葉だった。

「犬たちは？」

「それが、これだけ揺れたのに眠っているんです」

東北大震災の時、身体中を震わせて吠え続けていた犬が、震度4の揺れの中でぐっすり眠っていると言う。

――歳を取ったのだ……。

この日、午前中、家人は沖縄へ腰の治療で出かける予定になっていた。

「今日の出発はどうするんだ？」

「それが運転手のMさんが道はもう渋滞で、仙台発の飛行機もほとんど出ないんじゃないでしょうか、と言うの。だから中止にしようと思って……」

「……一応、普段、使ってるほうのタクシー会社に連絡してみなさい。航空会社にもね」

「わかりました」

ほどなく家人から出発できそうで家を出たと連絡が来た。安堵した。と言うのは、今夏、私の家は二匹の犬のお兄ちゃんのほうが、夏を越せるかどうかが大きな問題で大変だった。それでも彼女は決意して、兄ちゃんの犬の手術に踏み切った。

これはもう大人の男の発想ではない。それ以上に、毎朝、苦しそうにしている愛犬を見て、彼女なりの判断をしたのだろう。

歯槽膿漏もあって、歯を十三本抜歯した。

それだけでも、人間の年齢で言えば七十歳を越えた犬には辛かっただろう。

しかし手術後、犬は元気になった。それでようやく家人は、彼女自身の身体の痛みを治療しに行くことにしたのだ。生きものを飼うということは、そういうことなのだ。

それが地震ですべて駄目になるのは、上京している私には何とも切なかった。

「どうして他のタクシー会社に連絡してみなさいと言ったの？」

「どうしてかな……」

Mは優秀な運転手だが、口数が少し多い。

私は母から口数の多い人は気を付けなさいと教えられて育った。

Mは勝手に自分に入る情報の中で（彼には他の人より情報が入るらしい）判断して、家人を思って、そう言ってくれたのだろう。

数日後、沖縄から連絡が入った。

「明日、仙台に戻ります。少し身体の調子も良くなりました」

母の教えはたいしたものだと思った。

これは別にMが駄目だと書いているのではない。世間と言うものが、そういうものだと言いたいだけである。

トランプという男がアメリカの大統領に選ばれた。あれほど批判をしていた日本のマスコミが彼には良いところがあると言い出した。

誰が考えても、あれがまともなわけはない。

私は、今日、大統領選のテレビコマーシャルで、俳優のロバート・デニーロが民主党の応援のメッセージに出演しているのを見た。

「あいつは何を言っているのか、まるっきりわからないし、逢ったら、あいつの顔をブン殴ってやりたい」

と語っていた。私はデニーロの贔屓で良かったと思った。

しあわせのかたち

しあわせのかたちは、皆どこか似ているところがある。

笑ったり、恥かしそうにしていても、しあわせの光景には、どこか、それぞれの表情に光が差しているような、大、小あってもかがやきがある。

それとは逆に、哀しみのかたち、表情は、どれひとつとして同じものがない。それが真実だとしたら、たとえ親子でも、夫婦であっても、相手の哀しみがいかなるものかは、簡単に理解はできないのではなかろうか。

今さら、これまで何度か書いて来たことを、どうして書きはじめたかと言うと、亡くなった我が家の犬のアイスとの別離が、あらためて人が生きて行く上で、必ずやかかえなくてはならないものを考えさせられたからである。

火葬場の上空に昇る煙りを見ながら、初めて火葬場の煙りを見た日のことを思い出した。

あれは六、七歳だったろうか、私を特別可愛いがってくれた台湾人の林さんが亡くなった夏だった。

「女、子供は火葬場へ連れて行かん」

父親はそういう考えだった。

それでも私は抵抗し、父親も折れたのだろう。少年の私は外へ出され、山間に昇る煙りだけを見上げていた。そこへ見知った林さんとよく酒を飲み、喧嘩をしていた時夫さんが煙草をくわえて歩いて来た。

「時さん、死ぬと煙りになるの？」

「へん、煙りなんぞになるもんか。死んじまうってのは、つまんねぇことよ」

そう言って煙草を地面に投げつけた。

時夫さんがなぜ怒ってるのか、少年の私にはわからなかった。

今は、その心境が痛いほどわかる。

これっぽっちか？　という骨になったアイスが家人の部屋の祭壇に置かれた。

その夕刻、夕食の準備をしている家人が、突然、動揺した。

「大丈夫か?」

「……。いつもこうして肉の匂いがするとアイスが足元にいたから……」

放って置くしかない。

或る女性作家が、愛猫を亡くし、数日後の夜半、冷蔵庫に何かを取りに行き、冷蔵庫のドアをいつものようにゆっくりしめながら、足元を見て、そうか、冷蔵庫を覗くあの仔はもういないのだと、その折の気持ちを綴《つづ》った文章を読んだことがあった。

家人の身体の内に残る、犬との時間は、こちらが計れるものではない。十六年と半年という歳月をともに生きたということは、大人であれ、若者であれ、子供であれ、そこには想像を越えた、数知れぬ表情と、交わした言葉、言葉でなくとも無言で通じ合ったものがあるのだ。放って置くしかない。生半可に声をかければ対応に困まるはずだ。

私は夜の便で上京した。フランスから友人が来るのが半年前から決っていた。

私がいなければ、今夜はバカ犬(ノボ)と二人で過ごす。その方がいいと思った。

翌朝、仙台に連絡を入れた。

「あなたはこういう別れによく耐えたのね」

私の場合、犬もあるが、弟、妻と若い時に別離した。

「そうでもないさ。〝知らん振り〟をすることだ。それが案外といい。あとは時間が解決してくれる」

泣きたい時は独りで大声で泣けばイイ。と言おうと思ったが、やめておいた。

家人は一見、気丈な女性に映る。一見ではないかもしれないが、気丈というのも切ないものだ、と今回つくづく思った。

家人の親友のMりやさんから長いメールが、私に届き、彼女も愛犬を失い、数年、引きこもりになり、今の犬と奇跡的に出逢い、しあわせにしている、とあった。

――数年はきついナ。

Mりやさんだけではなく、今回、大勢の人から、家人に元気になるようにと連絡があった。その数に驚いた。

――世の中はペットを失《な》くした人であふれてるんじゃないか。

人は、他人が自分と同じ哀しみを抱いていると思った時、初めて自分が抱いた同じ哀しみを静かに打ち明ける。やさしい人たちなのだ。皆が同様に言う。

「飼った人でないとわかりませんから」

計り知れない喜びをもらったのだから、さよならが、いつか力になると信じよう。

特別収録

旅立つ人へ——青春の日々

新成人の流儀

むかい風を歩くんだ。

成人おめでとう。
今日からみんな大人だって？　そんなはずがない。
一日で大人になれるわけがない。
どうしたら大人になれるかって？
こうだ、という答えはどこにもない。
その上、大人になるには近道もないし、
特急券も売ってもいない。
まずは家を出て、一人で風の中に立ちなさい。
そうして風にむかって歩き出すんだ。
歩きながら自分は何者かを問いなさい。

そうすれば君がまだ何者でもないとわかる。
それでも一人で歩くことがはじまりなんだ。
上り坂と、下り坂があれば、上り坂を行くんだ。
甘い水と、苦い水があれば、苦い水を飲みなさい。
追い風と、むかい風なら、断然、むかい風を歩くんだ。
どうして辛い方を選ぶかって？
ラクな道、甘い水は君たちに何も与えてくれないし、
むかい風の中にだけ他人の辛酸の声が聞こえるんだ。
真の大人というものは己だけのために生きない人だ。
誰かのためにベストをつくす人だ。
金や出世のためだけに生きない、卑しくない人だ。
品性のある人こそが、真の大人なんだ。
どうだい？　大人って大変だろう。しかしそうでもないさ。
ひと休みに一杯やれる。
さあ大人にむかう君と乾杯。

2015年成人の日広告より

この文章は、或る酒造メーカーが、毎年、新しく成人した若者と、新しく社会人になった若者へ、大人からのメッセージとして新聞に語り続けてきたものが、私に依頼が来て、書いた2015年のものである。

古くは、先輩作家の山口瞳さんが第1回目を書いている。ご存知の方もあろうが、この酒造メーカーは、日本でも指折の広告主であり、その上、素晴らしい広告を世の中に送り続けて来た歴史を持つ会社である。その広告部に、今もなお文学者として名を残す開高健、山口瞳も在籍していた。あの当時、名コピーと言われた〝「人間」らしくやりたいナ〟と言う文は、若き日の開高健の作品である。

成人の日、新入社員へのメッセージは、山口瞳が長く続け、伊丹十三、倉本聰と言う名だたる人々が書いて来た。

私に依頼が来たのは、十数年前で、今はメーカーの会長になっておられる佐治信忠氏の熱い要望があってのことだった。

氏は大変な読書家で、私の初期作品から愛読されていたと聞き、機会があって逢って以来、兄のない私には、東京の兄のような存在で、今も食事をし、酒交の席で良い時間を過ごさせてもらっている。

そのような関係からはじまった仕事であったので、初期の文章を読むと、気負いばかりが先走って、いささか文章が固かったのが恥かしい。それでも私は、その時に自分の内にある若者への思いをすべて書こうという情熱があった。それは今も変わらない。

さて2015年の新成人は、成人式そのものに、意味があるのかと問われる時代でもあった。

それでも私は、子を育てた親にとって、我が子が二十歳《はたち》を迎えることが、どれほどの大きな意味があるのかわかっていた。

この文章は全国版の新聞に、それも大きなスペースをさいて掲載される。そうすると、その年にいったい何人の若者が二十歳になるのかをデータとして受け取ったりする。

しかし私はこれまで数多くの、二十歳まで生きることができなかった若者を見て来たし、病いやさまざまな事情でようやく二十歳を迎えた若者も見て来ていた。そういう人への想いが、この文章を書く前提にあった。

〝むかい風を歩くんだ。〟という、この年の文章は、その頃、私の周囲の若者から、自分たちはどう生きて行けばいいのですか、自分たちはどんな人生、仕事をしていけばいいのですか、と言う声が多く、そのたびごとに、「どう生きるかは君たちが見つけることだ。どんな人生かは、私にも、誰にもわからないものだ。どんな仕事を見つけるか、どんな仕事に就くかも、君がすべて自分で見つけることだ」としか言わなかった。それは他に言いようがない命題なのである。

私の答えを聞いた若者は、皆がっかりしたような顔をしていた。期待外れの答えだったのだろう。

しかしその後、私はこう付け加えた。

「どんな人生、仕事、どう生きるかは私にはわからないが、いくつか、こうした方がおそらく良いだろうと思うことは言える」

「それは何ですか？」

「人生の行方でも、具体的な仕事のことでもないんだが、そこに至るまでに、この方が良いだろうと思っていることです」

「難しいことですか？」

「いや、難しくはないが、少し苦しかったり、辛かったりするかもしれない」

「苦しい辛いは嫌ですね」

「それは私も同じだ。しかしそれを避けて通れば、最後に君たちが、本当に苦しく辛くなると思う」

「そうですか。ならぜひ」

「これから歩く道に風が吹いていて自由に歩けと言われたら、むかい風を歩きなさい。上り坂と下り坂が目の前にあったら、上り坂を歩きなさい。甘い水と苦い水があったら、最初は苦い水を飲みなさい」

「どうしてわざわざそんな苦い水の方を？」

「やがて君たちは若者ではなくなる。それは君たちが考えているよりすぐにやって来るんだ。極端に言えば、まばたきをする間に人生の時間は過ぎるんだ。そうしたらわざわざむかい風も、上り坂も、苦い水も飲まない人になるだろう。若い時にだけそれができる」

「それをしたら何を得られるんですか？」

「それは人によってまちまちだ。しかし間違いなく、それを経験した人は何かを得ているし、そうした人にしか見えないものがある。実はそれが一番大切なんだ。名誉や、富や、成功よりも、そうした時間の方が崇高なんだよ」

「本当に？」

「本当かどうかは君自身がやってみることだ」

「…………」

人生は、その人だけのものに見えて、実はその人だけのものではない。

どんな結果であったかより、どう生きたかが人生の肝心であり、人生そのものと私は考えている。

続・新成人の流儀

決心しよう。

今日から大人と言われても実感はないだろう。

カレンダーの日付けがかわるように人はかわらない。

それでも雪の下のフキノトウのように、オタマジャクシがカエルになるように、生きるということは、或る日、雲が切れて陽光が微笑むようにかわる。

だがそんなまぶしい時は待っていてもやってこない。

雪がとけたら葉を伸ばすぞ、いつか水から飛んでみせるぞ、というこころの持ちようが変えてくれる。

こころの持ちようとは、覚悟だ。決心だ。

そこで提案だ。今日を境《さかい》に何かひとつ決心し、それを胸の中に刻んで歩きはじめてみないか。何だっていい。やると決めるんだ。

君には夢があるだろう。それにむかって進むのもいい。まだなければ夢を探す機会にすればいい。

その決心に言っておきたいことがある。その夢は自分だけがしあわせになろうとしていないか。お金を得ることにこだわってないか。そういうものは卑しいんだ。

覚悟とは、品性の上にあるんだ。苦しい時、辛い時に、その覚悟と、誰かのために生きようとしたことが救ってくれる。

生きるということは必ず、苦《にが》いものと悲しいものをともなう。それが人生だ。

一日苦しかったな、と思ったら夕暮、一杯のやさしい酒を飲むのもいい。

君の春に乾杯。

2014年成人の日広告より

この原稿を書きながら、私は二十歳になった日、成人式の日（当時、成人式は一月十五日と決まっていて祝日になっていた）、どこで何をしていたのだろうか、と考えることがあった。

しかし、一九七〇年の一月十五日に、私はどこで何をしていたのかがはっきり思い出せない。その前年、私は大学の野球部を退め、普通の大学生に戻っていた。別に野球部に所属していたことが、普通でなかったと言っているのではないが、当時の体育会、六大学野球の部員として生活することは、やはりどこか普通の大学生とは違っていた。

野球部の寮に入り、朝早くに起床し、割り当てられた掃除の場所を眠たい目をこすりながら掃除することは決して楽なことではなかった。掃除を終えると、同部屋で暮らす上級生を起こしに行き、取って返して朝食の準備をはじめた。食事を作るわけではなかったが、配膳、お茶の準備、朝食にやって来た上級生を迎え、覚えさせられた上級生一人一人のお茶の湯加減でお茶を入れ、差し出した。

ぬるい湯加減の茶が好きな上級生に熱いお茶を間違って出すと、熱い茶の入った茶碗を平気で投げつけられた。

考えてみれば、生まれて初めて他人から受ける無体な行為であったが、それを辛いとは思わなかった。瀬戸内海沿いのちいさな港町の、それも少々荒っぽい大人たちが住んでいた町で暮らしていたから、たまに理不尽に叩かれたり、殴られたりしたこともあったし、そういう世界に慣れていたことも幸いしたのだろう。同級生の中に、そんな辛い日々が嫌で泣いている者もいたが、同級生同士で、頑張ろうや、あと二年も我慢すれば、この寮生活も楽になるさと励まし合った。

今、振り返ってみると、当時の私は、野球で何とか飯を食べて行くんだ、という気持ちがあったのだろう。プロ野球でなくても、大学の野球部で四年間踏ん張れば、実際、一流企業（但し社会人野球チームを持つ企業だが）に就職し、社会人野球をやった後はコーチ、監督をできるようになればいいと思っていたのかもしれない。そういう立場の男が、町中でどの程度の尊敬を受けているかを、私は少年時代に見知っていた。私の故郷の町には社会人野球チーム（協和発酵）があったし、鐘淵紡績の素晴らしい球場もあった。町の中で少年たちは、おい見ろよ、あれが協和の監督だよ、と羨望の目で見ていた。

一年生からレギュラーにも入れた私はチームの激励会の折など、今はプロのスカウトとなっていた先輩からこっそり小遣いを渡されることもあった。

――そうか、いずれ先輩がスカウトをしているチームに引っ張った折は……。

と言うことかと数枚の千円札がまぶしく見えたものだった。

そんな私が野球を断念したのは、右肘の故障のためだった。野球肘である。今でこそ野球肘は手術によって治療できるが、当時は野球肘になった投手、野手は打撃が残るだけでプロの使いものにはならなかった。一年生の夏が過ぎる頃から、毎晩、肘が痛み出した。痛みをやわらげるために自転車のタイヤのチューブを巻いて寝ることもあった。それからの一年は痛みと暮らす日々だった。

大学の野球部員がひどい扱いを受けるのは二年生の秋までだった。明日から殴られることはないという前夜、私は野球部を退めた。引き留める同級生もいたが、大半は何も言わなかった。それはそうである。私が居なくなればレギュラーのポジションに近づく同級生、下級生がほとんどだった。

私が野球部を退めた理由は他にあった。

それは父親から、四年間はおまえがやりたいことは許そう。しかし四年後にはこの家にきちんと帰って来い、と約束させられて上京したからだった。

――あと二年か、その間に何かを見つけなくては……。

ところがそれまでの十数年、毎日野球ばかりをしていた若者は、いざ世間に出てみると、右も左もまるでわからない、ただの若者でしかなかった。

二十歳を迎えたのは、そんな日々の中であった。大学へはたまにしか行かず、毎日、アルバイトをしていた。ただそんな日々が辛いとは一度も思ったことはなかった。

元来、楽天的な性格もあったのかもしれない。それと同時に、自分はこれからどんなふうに生きて行けばいいのだろうか？　大人たちはどんなふうに生きているのだろうか、というのをアルバイト先で見ていたのだろう。

２０１４年の成人にむけた〝決心しよう。〟と題された文章は、文中で雪の下でその日を待つフキノトウや、水中のオタマジャクシのことが書いてあるように、いつか、明日、自分も何かになれる日を目指して生きて行こう、と新成人の若者にむけて書いたものである。

このメッセージでは、私が二十歳の時、何ひとつ目指すものが見えずにさまよっていた日々、何かひとつのことを、ささやかなものでいいから、〝決心する〟ことで、新しい明日があるかもしれないと思っていた時間を思い出して書いたのかもしれない。

新社会人の流儀

先駆者になれ。

新社会人おめでとう。
今日、君はどんな職場で目の前を見ているだろうか。
どんな仕事であれ、そこが君のスタートラインだ。
新しい道が君の前にある。
しかしその道はまだ見えない。
新しい道とは何だろうか。
それはまだ誰も分け入ってない場所に
君の足で踏み込んで初めてできるものだ。
そこはまだ闇のような世界かもしれない。
光も音も感じないかもしれない。

しかし勇気と信念があれば、必ず光はさしはじめる。
明るい音も聞こえてくる。
新しい道を踏み出せ。先駆者になれ。
そうして誰もまだ見たことのない、
まぶしい世界を見せてやろう。
そのためには力が、汗が必要だ。
やわらかな発想と強靭な精神を持って、ともに汗を流そう。
新しい道をつくろう。
後から続いて来る人たちの歌声を聞く日まで
私たちは、一人一人が先駆者になろう。
仕事は辛いぞ。苦しいぞ。でも自分だけのために
生きているのではないことがわかれば、必ず道はひらく。
少し疲れたら夕空を仰ぎ美味い一杯をやろう。
新しい道を踏み出す君に乾杯。

2014年4月1日広告より

毎年、四月になると、多勢の若者が新社会人として、社会の中に入って来る。

彼等はまだ社会のことも、働くことが何たるかも知らない。

それでも彼等を見ていると、まぶしくてきらきらとしている。誰よりも新しく、何よりもあざやかなものが、彼等の周囲にあふれている。だから彼等のことをフレッシュマンと呼ぶのかもしれない。

私が社会人になったのは、他の新社会人と少し違っていた。

社会人になる二年前の夏、私は二人きりの男兄弟の弟を、海難事故で亡くした。それは私たち家族が初めて経験する近しい人との死別であった。

弟の死の半年前、私は帰省し、父親に家業を継がないことを申し出た。父はそれを聞き逆上し、すぐにこの家から出て行けと言った。正月の三ヶ日だった。父の仕事に関わる人が何人か上京し、私に生家に戻り、父に謝って家業を継ぐように説得した。私はその説得に応じなかった。父は私への仕送りを止めさせ、弟に医者になるように言い、病院を建てると言い出した。しかしそれは弟が望むものではなかった。弟は私と父のために承知していた。それを知ったのは弟の死後、彼の部屋にあった日記帳の記述でだった。弟の夢は冒険家になることだった。それを読んで私は初めて、なぜ台風が近づいている海へ彼が一人でボートを漕ぎ出したかがわかった。冒険家になるべく身体を鍛えていたのだ。私は動揺した。

父との確執は続き、私はアルバイトをしながら学費を出し、卒業した。卒業式には出席しなかった。その頃、私は横浜で沖仲士《おきなかし》、米軍基地の通訳兼ドライバー、バーテンダーとさまざまなアルバイトをして暮らしていた。

私は父が日本へ移民したように、海外へ渡ろうと思っていた。渡航費を作るために朝早くから深夜まで働いた。

そんな折、桜木町から渋谷へむかう電車の中で次姉とバッタリ再会した。乗り込んだ電車の、つかんだ吊革の下に彼女が座っていた。

「あなた何をしてたの？　母さんがどれだけ心配しているか……」

二年ぶりの再会だった。

生家の母に連絡し、母の希望で就職しろと言われ、その年の五月に私は初めて会社訪問をした。訪ねた会社はちいさな広告代理店だった。

すでに入社試験は終っていたが、会社の社長が野球好きで、翌週に行われるライバル会社との試合までいろと言われた。週末のゲームに勝ち、私は仮採用になった。その会社は朝七時に出社し、社長の車の洗車から、各部屋を二時間かけて拭き掃除する猛烈な会社だった。ともかく厳しかった。土、日曜日も出勤して働いた。今考えるとその厳しさが良かったのだろう。

私は会社始まって以来のダメ社員だった。それでも少しずつ仕事を覚え、半人前ながら何とか仕事をこなせるようになった。

ワンマン社長から、毎日、叱責され、少しは考えて行動しろ、頭がないのなら身体で他人より倍働くんだ。なぜそんなにグズなんだ？人が眠っている時に起き出してカバーするんだ。他人が休んで遊んでいる時に働くんだ……。さまざまなことを言われ、その時は、どうして自分だけがこんな会社に入ってしまったのだろうか、と悔やまなかったわけではないし、実際、大手の企業の同年齢の若者たちが、夕刻、笑って繁華街に入る姿を見て羨やましかった。

しかしそれが良かったのだ。

新社会人として、初めて社会というものを目にし、働くとは何かということを考える時間もないほど働き続けた。もし新社会人の一年生で、ラクを覚えたり、仕事は簡単じゃないか、と爪の先ほどでも思っていたら、今もこうして、今日こそ、明日こそは良い仕事をしてやろう、などと言う気持ちを得られることはなかったと思う。

この2014年の新社会人へのメッセージ、〝先駆者になれ。〟は、この前年、日本の技術力の低下が言われていた時だった。会社、職場は何人、何百、何千かの人の力を合わせて、仕事にむかっている組織であるが、それだけで会社というひとつの車輪は順調に進んでいくものではない。やはり常に革新、新しい挑戦がなくては会社は存続しない。新しい発見は、新しい人が見つけることが、なぜか多い。たとえ新人でも、自ら率先して働く精神が大切だと考えての文章である。

人生にも、仕事にも、先が見えない時がある。目の前に闇しかひろがっていないように映るものだ。でもそれは誰しも同じなのだ。しかし懸命に働き続ければ、必ず光が見えて来るものだ。〝先駆者になれ。〟はそういう精神が大切だということを書いたつもりだ。

仕事というものは自分だけのためでは決してない。働くことによって誰かのためになっていることが肝心である。そのことを若い時に少しでも理解していれば、やがて素晴らしい時間を迎えることができると、私は信じている。

終わりに――忘れられるものではないけれど

子どもを亡くした親、若くして連れ合いを失った夫や妻。そういう近しい人との別離に直面した人が遭遇する哀しみというのは、周りの人間の想像をはるかに超えている場合がほとんどです。

残された者は、その死を信じたくない、受け入れたくない。

それが当たり前の感情です。

多少気持ちが落ち着いてからも「なんであの子だけが」「なぜあの人が」と考えるのは仕方がないことでしょう。

しかし、その思いにいつまでもとらわれ過ぎていると、いつしか「あの子は不運だった」「あの人を亡くした私も不運だわ」という考えに至ってしまいます。

こうなると、心配する周りの人がどれだけ助けの言葉を差し伸べても、どんどん哀しみの淵にはまり込んでしまう。

まるで出口のない袋小路に迷い込んだようになるのです。

実は、そういう思いにとらわれている人が世の中には多いのです。

特に東北大震災や熊本の震災で、突然近しい人を奪われた人の中に、そう考えてしまっている人が多い。そして何より、かつての私自身がそうでした。

弟を亡くしたのは大学2年の時です。

探検家を目指していた彼は、台風が近づく海にボートで漕ぎ出して遭難しました。10日後に遺体が見つかるまで、「生きて帰ってきてくれ。弟の命が助かるのなら、俺の体の半分くらいは天にくれてやってもいい」と願ったのですが、ついには叶いませんでした。

前妻は、二十七歳の若さでこの世を去りました。

医師から「明日死んでもおかしくない」と言われ、209日間の入院でしたが、その間、私は仕事を休み、妻の傍らに寄り添いました。

アメリカで先端治療を受ければもしかしたら、と言ってくれる人もいましたが、当時の私にそんな大金は用意できない。

最後のアタックがはじまる前夜、銀座通りでワインを買ったんです。まだワインを飲む人が少なかった時代ですが、パリで二人で飲んだんです。いいものを飲ませてやりたかったのですが仕事も休んでいましたし、もう手持ちの金もありませんでした。中位のワインを買ってタクシーで帰る時、金がないというのは情けないもんだと初めて思いましたね。

弟の捜索中、そして、前妻の病室に詰めているときにも生還を願いはしましたが、願いはやはり届かなかった。

私は、特に前妻の死に直面した時、激しく動揺しました。

それからの一年は飲むだけ飲んで、博打を打つだけ打った。「博打ってつまらないものだな」とは思わなかったけど、それで喪失感を埋められるわけじゃありません。

弟、前妻以外にも多くの友を半生の中で亡くし、年齢の割にはそれが多過ぎて、私のほうに問題があるのではないかと考えたこともあります。

考え続けた結果、「いつまでも俺が不運だ、不幸だと思っていたら、死んでいった人の人生まで否定することになってしまう。短くはあったが、輝いた人生だったと考えないといけない」と思い至ったのです。というより、そうするしか生きる術がなかった。

これは「故人を忘れろ」ということとも違います。近しい人との別れというのは、忘れようとしても忘れられるようなものじゃありません。

私はいまでも、弟や前妻の命日のスケジュールは空けておくようにしています。

別に墓参りをするわけじゃないけれど、ワイワイ騒がしい時間を過ごしたくはないんです。ひとり、心の中で亡くなった人の笑っている顔や楽しい思い出に浸れればいい。その時には哀しいことは思い出さないようにしています。

山口の実家で一人暮らしをしている母は、九十歳を超えましたが、いまでも毎日、仏壇の中の弟の写真に語りかけています。成績も優秀だった自慢の息子でした。その弟を亡くした当時、母の憔悴ぶりは大変なものでした。

それが今では、写真に向かって「今年もツバメが渡ってくる季節になりましたよ」

と、なんとも穏やかな言葉をかけている。不幸な別れをいつまでも不運と思わない心の持ち様が、母の前向きな生き方の大本にあるのだと思うのです。

昨年、私が前妻との最期を書いた『乳房』という作品を脚本にした芝居が上演されました。

関係者から私に「ぜひ見に来てください」という申し出があったんですが、私にだって、ナイーブなところがあります。

確かに前妻の死から30年が経ちました。

しかしそんな芝居を簡単に観られるほどの年月ではない。近しい人の死というのは、そんなに簡単なものじゃないんです。

とはいえ、私は再婚しています。

再婚するとき、「前の奥さんについての取材を受けないこと」を条件にしていた妻の気持ちを傷つけるようなこともしたくない。

前妻についての取材は、妻の許可をもらってから受けるようになりましたが、だからといって妻が前妻のことをまったく気にしなくなったのかどうかは分かりません。

自宅のテレビを見ていると、急に「夏目雅子特集」なんて始まったりすることがある。そんなときには努めてテレビから離れたり、競輪のビデオにチャンネルを切り替えたりしています。

読者の中にも、奥さんや旦那さんを亡くした人はいるでしょう。

日本では、人が亡くなって満2年の年に三回忌の法要をする習慣があります。

実は、近親者を亡くした人が一番辛いのがその2年目くらいだそうです。だから、その年に三回忌が設けられている。三回忌の法要の場で、周りの人が「どう、元気になった？」と心配してくれる様子を見て、「そろそろ元気にならないといけないな」という気持ちを持てるようになる。法事というのは、そういう役目を持っています。

だから奥さんや旦那さんを亡くした人は、まずは三回忌を無事に終えることを考えてほしい。それができたら、新しい人生を模索してみることです。もちろん再婚したっていい。故人もそれを咎めはしない。

読者の一人から、ある日こう言われました。

「自分は家族を失って不運だと思うことが今でもあるけれど、考えてみたら、若くして亡くなってもそれは寿命であって、その短い寿命の中にも必ずまぶしい季節があったはずですよね」

たとえ三つで亡くなった子どもだって、その目で素晴らしい世界を見たはずです。だから「たった三つで死んでしまって可哀想だ」という発想ではなくて、「精一杯生きてくれたんだ」という発想をしたい。そうしてあげないと、その子の生きた尊厳もないし、死の尊厳も失われてしまうのです。

やがて、歳月は、私たちに彼等、彼女たちの笑ったり、歌ったりしているまぶしい姿を、ふとした時に見せてくれるようになります。

私はと言えば、世の中のサラリーマンが退職する六十歳から仕事量を3倍に増やしました。この年になると、体力気力は衰えますが、毎朝、「今日、懸命に書けば今まで書けなかったものが書けるかもしれない」「今日は素晴らしいことに出逢うぞ」と自分に言い聞かせて、一日をスタートしています。

苦しみ、哀しみを体験した人たちの身体の中には、別離した人々が、いつまでも生きていて、その人の生の力になっています。

だからこそ懸命に生きねばならないのです。

私は今、〝さよならが与えてくれた力〟を信じています。

【著者略歴】

◉1950年山口県防府市生まれ。72年立教大学文学部卒業。

◉81年短編小説『皐月』でデビュー。91年『乳房』で第12回吉川英治文学新人賞、92年『受け月』で第107回直木賞、94年『機関車先生』で第7回柴田錬三郎賞、2002年『ごろごろ』で第36回吉川英治文学賞をそれぞれ受賞。

◉作詞家として『ギンギラギンにさりげなく』『愚か者』『春の旅人』などを手がけている。

◉主な著書に『白秋』『あづま橋』『海峡』『春雷』『岬へ』『美の旅人』『羊の目』『スコアブック』『お父やんとオジさん』『浅草のおんな』『いねむり先生』『なぎさホテル』『星月夜』『伊集院静の「贈る言葉」』『逆風に立つ』『旅だから出逢えた言葉』『ノボさん』『愚者よ、お前がいなくなって淋しくてたまらない』『無頼のススメ』『東京クルージング』。

初出　「週刊現代」2016年6月18日号～2017年2月4日号
単行本化にあたり修正し、書き下ろしを加えました。

提供　サントリー酒類株式会社

N.D.C. 914.6　190p　18cm
ISBN978-4-06-220538-2

さよならの力《ちから》　大人《おとな》の流儀《りゅうぎ》7

二〇一七年二月二十七日第一刷発行

著　者　伊《い》集《じゅう》院《いん》静《しずか》　©Ijuin Shizuka 2017
発行者　鈴木哲
発行所　株式会社講談社
東京都文京区音羽二丁目一二―二一　郵便番号一一二―八〇〇一
電　話　編集　〇三―五三九五―三四三八
販売　〇三―五三九五―四四一五
業務　〇三―五三九五―三六一五
印刷所　凸版印刷株式会社
製本所　大口製本印刷株式会社
定価はカバーに表示してあります　Printed in Japan